互联网金融企业
税收筹划与案例分析

翟继光◎编著

中国经济出版社
CHINA ECONOMIC PUBLISHING HOUSE
北 京

图书在版编目（CIP）数据

互联网金融企业税收筹划与案例分析 / 翟继光编著 .
北京：中国经济出版社，2015. 2
ISBN 978 - 7 - 5136 - 3676 - 6

Ⅰ. ①互… Ⅱ. ①翟… Ⅲ. ①金融企业—税收筹划—案例—中国 Ⅳ. ①F812. 423

中国版本图书馆 CIP 数据核字（2015）第 013862 号

责任编辑 黄 静 李亚婷
责任审读 贺 静
责任印制 马小宾
封面设计 华子设计

出版发行 中国经济出版社
印 刷 者 北京嘉业印刷厂
经 销 者 各地新华书店
开 本 710mm × 1000mm 1/16
印 张 18. 5
字 数 255 千字
版 次 2015 年 2 月第 1 版
印 次 2015 年 2 月第 1 次
定 价 48. 00 元
广告经营许可证 京西工商广字第 8179 号

中国经济出版社 **网址** www. economyph. com **社址** 北京市西城区百万庄北街 3 号 **邮编** 100037
本版图书如存在印装质量问题，请与本社发行中心联系调换（联系电话：010 - 68330607）

“互联网思维与未来世界”书系
编委会

总　序

近年来，互联网和移动互联网不断发展壮大，逐渐渗入商业、金融、房地产、传媒业、物流业、农业、教育及生活服务等各个传统行业，不断改变着人们的生活方式与社会的生产方式。

2013 年，我国首次超越美国，成为世界最大的网络零售市场，超过 1.85 万亿元的网络零售交易额相当于社会消费品零售总额的 7.8%；电子商务拉动内需、促进就业作用明显；移动互联网、大数据等新一代技术的应用成为电子商务发展的新热点；与此同时，电子商务市场竞争日益激烈，企业服务能力和行业集中度均有提升。

自 2008 年起，我国的网民规模已经连续六年稳居全球第一。据第 34 次《中国互联网发展状况统计报告》（以下简称《报告》）显示，截至 2014 年 6 月，中国网民规模已达 6.32 亿，较 2013 年底增加 1442 万人；互联网普及率为 46.9%，较 2013 年底提升了 1.1 个百分点。

可以说，互联网正在成为现代社会真正的基础设施之一，就像电力和道路一样。互联网不仅仅是用来提高效率的工具，它已经成为构建未来生产方式和生活方式的基础设施。与此同时，以互联网为核心的思维正在逐渐扩散，并对整个大时代带来深远的影响。

历史上，人类社会每次经历的大飞跃，最关键的并不是物质催化，甚至不是技术催化，其本质是思维方式的迭代。从社会热议的信息爆炸时代，到目前的互联网时代，我们并不能确定是否一个新的革命的时代已经到来。但是，可以预见的是，几乎所有的传统产业都可能被这场互联网思维浪潮所影响、重塑乃至颠覆。

例如,互联网的快速发展推动了网购、网游等产业的发展,并涌现出云计算、物联网、大数据等新名词和新事物,也催生了一批带有传奇色彩的企业。互联网公司小米,创业仅 3 年,估值 100 亿美元;相比较而言,联想用了 30 年时间,才实现港股市值 100 亿美元。从这个意义上讲,小米应该算是一个商业奇迹。没有互联网与互联网思维,是不可能实现的。

2013 年,互联网金融业给传统金融业带来了巨大震荡,被称为"互联网金融元年"。十年前,互联网与金融并没有竞争与冲突。马云的一句:"如果银行不改变,我们就改变银行。"曾引起来势汹汹的热议,时至今日,金融领域正经历着互联网的大举侵袭和倒逼,这也从某种程度印证了马云的预言。以阿里巴巴、腾讯为代表的电商平台全面试水金融领域,天猫、支付宝、财富通等综合类电商平台以及苏宁、国美这类垂直电商纷纷与金融机构联姻卖基金、保险等金融产品,不断创造出余额宝、现金宝、招财宝等"宝宝"产品。这场金融变革可谓几家欢喜几家愁,以余额宝为例,其颠覆、便捷、高收益是其无可比拟的优势,截至 2014 年一季度,其规模已达 5412. 75 亿元,天弘基金也成为国内规模最大的基金公司。而由于互联网金融的冲击,2014 年 1 月银行人民币存款减少 9402 亿元。在巨大的压力下,传统金融机构也开始变革自身,全面进入互联网领域,如招商银行联合腾讯打造微信银行,平安集团的网贷平台陆金所等。

可就算是在互联网金融时代一枝独秀的余额宝,随着互联网金融产品的规模性崛起,以及传统金融业积极拥抱互联网这一系列变革之后,还是从 7% 跌到了 4% ,褪下了神圣的光环,在互联网金融时代愈发规范化的今天,大家永远不知道下一个争相投资的对象是谁,这也许在告诉我们,不光传统企业需要转型,互联网企业也需要时刻改变思想,用迭代思维不断完善自己,才能创造明天。

"我们的未来世界是按照互联网思维构架的。未来世界一定是开放、平等、更有效率,从互联网中我们洞见到未来的世界。"企业家潘石屹是这么认为的。在这个复杂多变的时代,任何一个产业,如果积极地拥抱互联网的思维和方法并与之融合,敢于颠覆自我,进行重塑,都有可能找到企业发展的新方向,新的利润增长点,释放出更多的能量。

由此可见,在我国的媒体业、零售业、金融业、娱乐业等许多行业,互联网思维已经完全展现了它的威力与效率,成为一种基本的商业思维,并已经渗透到企业运营的整个链条中。互联网思维已经开始成为我们一切商业思维的起点,深刻地影响着我们的经济模式乃至社会生活的各个方面。

可以肯定的是,互联网的发展势头将更加强劲,特别是与越来越先进的移动通信网络技术、融合性和应用性越来越强的智能终端相结合之后,在中国的渗透率将会继续提高,发展重心从"广泛"转向"深入",网络应用对大众生活的改变从点到面,互联网将在现有基础上更进一步影响公众生活的方方面面。《报告》显示,截至 2014 年 6 月,我国手机网民规模达 5.27 亿,较 2013 年底增加 2699 万人,网民中使用手机上网的人群占比进一步提升,由 2013 年的 81.0% 提升至 83.4%,手机网民规模首次超越传统 PC 网民规模。

毫无疑问,移动互联网已经是当前的主流。正如马化腾所说,移动互联网才是真正的互联网。《报告》显示,2013 年中国移动互联网经济达 1083 亿元,高端手机用户月平均流量消耗为 1.6GB。网民的行为正逐渐从办公桌向移动端转移。2013 年,中国智能手机出货量为 3.18 亿台,同比增长 64%。移动营销市场规模达 155.2 亿元,移动购物市场占有率约为整体市场的三分之一。移动互联网加速了跨界融合,也带动了可穿戴设备、移动医疗等相关市场的发展。

面对这种如火如荼的局面,我们已经很难想象互联网在国内诞生之初,曾一度背负着"泡沫"、"烧钱"等尴尬名声。在 2000 年前后国内第一轮互联网上市热潮时,"不赚钱"是当时互联网企业的普遍写照,企业大多缺乏明确的盈利模式。而目前,中国互联网经济已经突破 6000 亿元,互联网产业与世界发展同步,并在格局中占据一定有利位置。在互联网思维的影响下,一大批互联网企业正处在颠覆与创造、裂变与融合中,日益深重地重塑中国经济格局。这些剧烈的变革带给我们对未来世界的思维方式、生活方式、生产方式新的思考以及对企业价值链乃至对整个经济生态的重新审视。

未来,如何借助互联网思维进一步重塑各产业链条、重构新的商业模式和新的工业秩序；未来世界会与互联网怎样耦合，这是身处于互联网浪潮中的我们应该认真思考的问题。

有鉴于此，中国经济出版社拟会同国内知名互联网专家以及相关企业、研究机构，共同探讨互联网时代变革中的热点问题，并出版“互联网思维与未来世界”书系，以期全面、客观、系统地反映互联网的发展进程和未来世界的发展趋势。

本书系注重对不同行业、区域、领域的变革与互联网思维的关系进行探讨与研究。期望书系无论对促进互联网思维的学术研究，还是对推动企业的转型与创新，都具有借鉴意义和参考价值。

该系列报告是开放式、可扩展的，欢迎社会各界把认为合适题材的研究成果纳入书系，以使书系能够更新颖、全面、权威。

由于时间关系和水平所限，书系中所涉及的观点、资料、数据难免会有不够完善或不妥之处，敬请广大读者给予批评指正。

前 言

互联网金融是传统金融行业与互联网精神相结合的新兴领域。理论上任何涉及广义金融的互联网应用,都应该是互联网金融,包括但不限于为第三方支付、在线理财产品的销售、信用评价审核、金融中介、金融电子商务等模式。税收筹划是在法律允许的范围内,或者至少在法律不禁止的范围内,通过对纳税人生产经营活动的一些调整和安排,最大限度地减轻税收负担的行为。税收筹划是纳税人的一项基本权利,是国家应当鼓励的行为。可以说,税收是对纳税人财产权的一种合法剥夺,纳税人必然会采取各种方法予以应对,税收筹划是纳税人的一种合法应对手段,而偷税、抗税、逃税等则是纳税人的一种非法应对手段。既然纳税人有这种需求,国家与其让纳税人采取非法的应对手段,不如引导纳税人采取合法的应对手段。

税收筹划不仅对纳税人有利,对国家也是有利的。纳税人有了合法的减轻税负的手段,就不会采取或者会较少地采取非法手段减轻税负,这对国家是有利的。税收筹划的基本手段是充分运用国家出台的各项税收优惠政策。国家之所以出台这些税收优惠政策正是为了让纳税人从事该政策所鼓励的行为,如果纳税人不进行税收筹划,对国家的税收优惠政策视而不见,那么,国家出台税收优惠政策就达不到其预先设定的目标了。可见,税收筹划是国家顺利推进税收优惠政策所必不可少的条件。税收筹划也会利用税法的一些漏洞,通过合法避税等手段获取一些国家本来不想让纳税人获得的利益,表面看来,这种税收筹划对国家不利,但实际则不然。纳税人的种种税收筹划方案暴露了国家税法的漏洞，这本身就是对国家税收立法的完善所做出的重要贡献，如果纳税人不进行税收筹划，怎么能凸显出这么多的税法漏洞呢？税法的漏洞不凸显出来，如何能够通过税收立法来完善相关的法律制度呢？发达国家的税收筹划非常发达，其税法也非常完善和庞杂，二者有没有必然的联系呢？显然是有的，正因为其税收筹划比较发达，税法的各种漏洞暴露无遗，国家才能采取应对税收筹划的方案，完善税法制度，使得税法制度越来越完善，越来越庞杂。税法制度的完善和庞杂又使得纳税人逃避税收负担比较困难，必须由专业人士从事税收筹划，由此推动了税收筹划作为一门产业的兴旺和发达。

我国还有很多人对税收筹划存在错误的认识，包括纳税人和税务机关的工作人员。其实，税收筹划是构建一个和谐的税收征纳关系所必不可少的"润滑剂"。与发达国家相比，我国的税收筹划产业并不发达，但我国的偷税行为远比发达国家普遍。如果国家能够大力推行税收筹划产业，相信我国纳税人的偷税行为会大量减少。当然，我们一直强调税收筹划是在法律允许的范围内的活动，有些人以税收筹划为幌子，进行税收违法行为，这是真正的税收筹划专业人士所反对的。税收筹划靠的是专家对税法的理解，靠的是专家的智慧，而不是靠非法的手段。

本书与一般的税收筹划书籍相比具有鲜明的特点。第一，全面系统。本书全面介绍了互联网金融企业税收筹划的实践操作问题，特别是对税收筹划所涉及的所得税、主要生产经营阶段以及主要产业都进行了详细的阐述和介绍。第二，实用性强。本书的税收筹划方案全部是从现实生活中来，而且可以直接应用到现实生活中去，具有非常强的实用性。第三，简洁明了。本书的税收筹划重在方法的阐述和操作步骤的介绍，不深究相应的理论基础，主要的方法均通过典型的案例予以讲解，让普通纳税人一看就懂。第四，合法权威。本书介绍的税收筹划方案完全是在法律允许的范围内进行的，纳税人按照本书介绍的方法进行税收筹划，不会涉及违反法律规定的问题，更不会涉及违法犯罪问题。

本书分为八章，分别论述了互联网金融企业成立阶段税收筹划与案例分析、互联网金融企业生产经营税收筹划与案例分析、互联网金融企业投资决策税收筹划与案例分析、互联网金融企业融资决策税收筹划与案例分析、互联网金融企业薪金发放税收筹划与案例分析、互联网金融企业重组清算税收筹划与案例分析、互联网金融企业海外投资税收筹划与案例分析、税务机关反避税政策与互联网金融企业应对策略。本书列举了100多个税收筹划经典案例以及200多个税收筹划法律文件，可谓纳税人进行税收筹划的“宝典”。

虽然作者进行了大量的调研，搜集了大量的资料，研读了大量的法律文件和相关论著，但书中仍难免有错误和疏漏之处，恳请广大读者和学界专家批评指正，以便再版时予以修正。我的联系方式是：北京市昌平区府学路27号中国政法大学民商经济法学院（邮编：102249）。电子邮箱为：zhaijiguang2008@sina.com。

翟继光

2014年12月

目　录

第 1 章

互联网金融企业成立阶段税收筹划与案例分析

1 选择公司还是非公司

税收筹划思路

根据现行的个人所得税和企业所得税政策，个人独资企业和合伙企业不征收企业所得税，仅对投资者个人征收个人所得税。公司需要缴纳企业所得税，投资者个人从公司获得股息时还需要缴纳个人所得税。由于个人投资公司需要缴纳两次所得税，因此，对于个人投资者准备设立小型企业而言，最好设立个人独资企业或者合伙企业，设立公司的税收负担比较重。

法律法规依据

（1）《中华人民共和国企业所得税法》（2007年3月16日第十届全国人民代表大会第五次会议通过，主席令第63号，自2008年1月1日起实施）。

（2）《中华人民共和国企业所得税法实施条例》（国务院2007年12月6日颁布，国务院令第512号，自2008年1月1日起实施）。

（3）《中华人民共和国个人所得税法》（1980年9月10日第五届全国人民代表大会第三次会议通过，2011年6月30日第十一届全国人民代表大会常务委员会第二十一次会议第六次修正）。

（4）《中华人民共和国个人所得税法实施条例》（1994 年 1 月 28 日中华人民共和国国务院令第 142 号发布，根据 2011 年 7 月 19 日《国务院关于修改〈中华人民共和国个人所得税法实施条例〉的决定》第三次修订）。

税收筹划案例

李先生准备设立一家互联网金融企业，预计该企业年盈利 50 万元，李先生原计划创办一家有限责任公司，公司的税后利润全部分配给股东。请对此提出税收筹划方案。

如果设立有限责任公司，则该公司需要缴纳企业所得税：50 × 25% = 12.5（万元）。税后利润：50 − 12.5 = 37.5（万元）。如果税后利润全部分配，李先生需要缴纳个人所得税：37.5 × 20% = 7.5（万元），获得税后净利润：37.5 − 7.5 = 30（万元）。李先生可以考虑设立个人独资企业，该企业本身不需要缴纳所得税，李先生需要缴纳个人所得税：50 × 35% − 1.475 = 16.025（万元），税后净利润：50 − 16.025 = 33.975（万元）。通过税收筹划，李先生多获得净利润：33.975 − 30 = 3.975（万元）。

2 选择子公司还是分公司

税收筹划思路

企业设立分支机构主要有两种组织形式可供选择：一是分公司；二是子公司（严格来讲，子公司不属于分支机构，我们这里采用日常用语，把全资子公司视为分支机构）。两种不同的组织形式在所得税处理方式上是不同的。分公司不具有独立的法人资格，不能独立承担民事责任，在法律上与总公司视为同一主体。因此，在纳税方面，也是同总公司作为一个纳税主体，将其成本、损失和所得并入总公司共同纳税。而子公司具有独立的法人资格，可以独立承担民事责任，在法律上与母公司视为两个主体。因此，在纳税方面，也是同母公司相分离，作为一个独立的纳税主体承担纳税义务。其成本、损失和所得全部独立核算，独立缴纳企业所得税和其他各项税收。

两种组织形式在法律地位上的不同导致了两种分支机构在税收方面各有利弊，分公司由于可以和总公司合并纳税，因此，分支机构的损失可以抵销总公司的所得，从而降低公司整体的应纳税所得额，子公司则不享有这种优势。但子公司可以享受法律以及当地政府所规定的各种税收优惠政策，如减免企业所得税。因此，企业如何选择分支机构的形式需要综合考虑分支机构的盈利能力，尽量在分支机构亏损期间采取分公司形式，而在分支机构盈利期间采取子公司的形式。

一般来讲，分支机构在设立初期需要大量投资，一般处于亏损状态，而经过一定时间的发展以后则一般处于盈利状态，因此，一般在设立分支机构初期采取分公司形式，而在分支机构盈利以后转而采取子公司的形式，当然，这仅是一般情况，并不是绝对的。在某些情况下，企业本身所适用的税率与准备设立的分支机构所适用的税率不同时，企业对其分支机构选择分公司还是子公司的形式差别很大，一般来讲，如果本企业所适用的税率高于分支机构所适用的税率，则选择子公司形式比较有利，反之，则选择分公司的形式比较有利。

法律法规依据

（1）《中华人民共和国企业所得税法》（2007 年 3 月 16 日第十届全国人民代表大会第五次会议通过，主席令第 63 号，自 2008 年 1 月 1 日起实施）第五十条、第五十二条。

（2）《中华人民共和国企业所得税法实施条例》（国务院 2007 年 12 月 6 日颁布，国务院令第 512 号，自 2008 年 1 月 1 日起实施）第一百二十五条。

税收筹划案例

某互联网金融公司准备设立一分支机构，原计划设立全资子公司。预计该子公司从 2013 年度至 2016 年度的应纳税所得额分别为 -100 万元、-50 万元、100 万元、200 万元。该子公司四年分别缴纳企业所得税为 0、0、0、37.5 万元。请对此提出税收筹划方案。

由于该子公司前期亏损，后期盈利，因此，可以考虑该公司先设立分公司，第三年再将分公司转变为子公司。由于分公司和全资子公司的盈利能力大体相当，可以认为该公司形式的变化不会影响该公司的盈利能力。

因此，该分公司在2013年度和2014年度将分别亏损100万元和50万元，上述亏损可以弥补总公司的应纳税所得。因此，总公司在2013年度和2014年度将分别少纳企业所得税25万元和12.5万元。从第三年开始，该分公司变为子公司，需要独立纳税。2015年度和2016年度，该子公司应纳税额分别为25万元、50万元。从2013年度到2016年度，该分支机构无论是作为子公司还是分公司，纳税总额是相同的，都是37.5万元，但设立分公司可以在2013年度和2014年度弥补亏损，而设立子公司只能等到2015年度和2016年度再弥补亏损。设立分公司，使得该公司提前两年弥补了亏损，相当于获得了25万元和12.5万元的两年期无息贷款，其所节省的利息就是该税收筹划的收益。

3 投资国家扶持地区

税收筹划思路

投资的地区也是投资决策中需要考虑的一个重要因素，不同地区设立企业所享受的税收政策以及其他方面的政策是不同的。税收政策的不同也就相当于设立企业的税收成本是不同的，在进行投资决策的过程中应当将税收成本作为重要因素予以考虑。目前地区性的税收优惠政策主要包括经济特区和西部地区。

（1）根据现行企业所得税政策，法律设置的发展对外经济合作和技术交流的特定地区内，以及国务院已规定执行上述地区特殊政策的地区内新设立的国家需要重点扶持的高新技术企业，可以享受过渡性税收优惠。法律设置的发展对外经济合作和技术交流的特定地区，是指深圳、珠海、汕头、厦门和海南经济特区；国务院已规定执行上述地区特殊政策的地区，是指上海浦东新区。对经济特区和上海浦东新区内在 2008 年 1 月 1 日（含）之后完成登记注册的国家需要重点扶持的高新技术企业（以下简称“新设高新技术企业”），在经济特区和上海浦东新区内取得的所得，自取得第一笔生产经营收入所属纳税年度起，第一年至第二年免征企业所得税，第三年至第五年按照 25% 的法定税率减半征收企业所得税。国家需要重点扶持的高新技术企业，是指拥有核心自主知识产权，同时符合《企业所得税法实施条例》第九十三条规定的条件，并按照《高新技术企业认定管理办法》认定的高新技术企业。经济特区和上海浦东新区内新设高新技术企业同时在经济特区和上海浦东新区以外的地区从事生产经营的，应当单独计算其在经济特区和上海浦东新区内取得的所得，并合理分摊企业的期间费用；没有单独计算的，不得享受企业所得税优惠。经济特区和上海浦东新区内新设高新技术企业在按照《国务院关于经济特区和上海浦东新区新设立高新技术企业实行过渡性税收优惠的通知》（国发〔2007〕40号）的规定享受过渡性税收优惠期间，由于复审或抽查不合格而不再具有高新技术企业资格的，从其不再具有高新技术企业资格年度起，停止享受过渡性税收优惠；以后再次被认定为高新技术企业的，不得继续享受或者重新享受过渡性税收优惠。

（2）根据《财政部　国家税务总局　海关总署关于西部大开发税收优惠政策问题的通知》（财税〔2001〕202号）的规定，自2001年1月1日起，执行下列税收优惠政策。

①对设在西部地区国家鼓励类产业的内资企业和外商投资企业，2001年至2010年，减按15%的税率征收企业所得税。国家鼓励类产业的内资企业是指以《当前国家重点鼓励发展的产业、产品和技术目录（2000年修订）》中规定的产业项目为主营业务，其主营业务收入占企业总收入70%以上的企业。国家鼓励类的外商投资企业是指以《外商投资产业指导目录》中规定的鼓励类项目和由国家经济贸易委员会、国家发展计划委员会和对外经济贸易合作部联合发布的《中西部地区外商投资优势产业目录》（第18号令）中规定的产业项目为主营业务，其主营业务收入占企业总收入70%以上的企业。2005年12月，根据《国务院关于发布实施〈促进产业结构调整暂行规定〉的决定》（国发〔2005〕40号），原国家计委、国家经贸委印发的《当前国家重点鼓励发展的产业、产品和技术目录（2000年修订）》（简称“《原目录》”）同时废止，对依据《原目录》执行的有关优惠政策，调整为依据《产业结构调整指导目录（2005年本）》鼓励类目

录执行。

②经省级人民政府批准，民族自治地方的内资企业可以定期减征或免征企业所得税，外商投资企业可以减征或免征地方所得税。中央企业所得税减免的审批权限和程序按现行有关规定执行。

③对在西部地区新办交通、电力、水利、邮政、广播电视企业，上述项目业务收入占企业总收入70%以上的，可以享受企业所得税如下优惠政策：内资企业自开始生产经营之日起，第一年至第二年免征企业所得税，第三年至第五年减半征收企业所得税；外商投资企业经营期在10年以上的，自获利年度起，第一年至第二年免征企业所得税，第三年至第五年减半征收企业所得税。新办交通企业是指投资新办从事公路、铁路、航空、港口、码头运营和管道运输的企业。新办电力企业是指投资新办从事电力运营的企业。新办水利企业是指投资新办从事江河湖泊综合治理、防洪除涝、灌溉、供水、水资源保护、水力发电、水土保持、河道疏浚、河海堤防建设等开发水利、防治水害的企业。新办邮政企业是指投资新办从事邮政运营的企业。新办广播电视企业是指投资新办从事广播电视运营的企业。

④对为保护生态环境，退耕还林（生态林应在80%以上）、还草产出的农业特产收入，自取得收入年份起10年内免征农业特产税。

⑤对西部地区公路国道、省道建设用地，比照铁路、民航建设用地免征耕地占用税。享受免征耕地占用税的建设用地具体范围限于公路线路、公路线路两侧边沟所占用的耕地，公路沿线的堆货场、养路道班、检查站、工程队、洗车场等所占用的耕地不在免税之列。西部地区公路国道、省道以外其他公路建设用地是否免征耕地占用税，由省、自治区和直辖市人民政府决定。上述免税用地，凡改变用途，不再属于免税范围的，应当自改变用途之日起补缴耕地占用税。

⑥对西部地区内资鼓励类产业、外商投资鼓励类产业及优势产业的项目在投资总额内进口的自用设备，除《国内投资项目不予免税的进口商品目录（2000年修订）》和《外商投资项目不予免税的进口商品目录》所列

商品外，免征关税和进口环节增值税。外资优势产业按国家经济贸易委员会、国家发展计划委员会和对外经济贸易合作部联合发布的《中西部地区外商投资优势产业目录》（第18号令）执行。上述免税政策按照《国务院关于调整进口设备税收政策的通知》（国发〔1997〕37号）的有关规定执行。

上述政策的适用范围包括重庆市、四川省、贵州省、云南省、西藏自治区、陕西省、甘肃省、宁夏回族自治区、青海省、新疆维吾尔自治区、新疆生产建设兵团、内蒙古自治区和广西壮族自治区（上述地区以下统称“西部地区”）。湖南省湘西土家族苗族自治州、湖北省恩施土家族苗族自治州、吉林省延边朝鲜族自治州，可以比照西部地区的税收优惠政策执行。

根据《国家税务总局关于西部大开发企业所得税优惠政策适用目录问题的批复》（国税函〔2009〕399号）的规定，享受西部大开发企业所得税优惠政策的国家鼓励类产业内资企业适用目录及衔接问题，继续按照《财政部　国家税务总局关于西部大开发税收优惠政策适用目录变更问题的通知》（财税〔2006〕165号）的规定执行。

享受西部大开发企业所得税优惠政策的国家鼓励类产业外商投资企业适用目录及衔接问题，按以下原则执行。

（1）自2008年1月1日起，财税〔2001〕202号文件中《外商投资产业指导目录》按国家发展和改革委员会公布的《外商投资产业指导目录（2007年修订）》执行。自2009年1月1日起，财税〔2001〕202号文件中《中西部地区外商投资优势产业目录》（第18号令）按国家发展和改革委员会与商务部发布的《中西部地区优势产业目录（2008年修订）》执行。

（2）在相关目录变更前，已按财税〔2001〕202号文件规定的目录标准审核享受企业所得税优惠政策的外商投资企业，除属于《外商投资产业指导目录（2007年修订）》中限制外商投资产业目录、禁止外商投资产业目录外，可继续执行到期满为止；对属于《外商投资产业指导目录（2007

年修订)》中限制外商投资产业目录、禁止外商投资产业目录的企业，应自执行新目录的年度起，停止执行西部大开发企业所得税优惠政策。

对符合新目录鼓励类标准但不符合《原目录》标准的企业，应自执行新目录的年度起，就其按照西部大开发有关企业所得税优惠政策规定计算的税收优惠期的剩余优惠年限享受优惠。

自 2011 年 1 月 1 日至 2020 年 12 月 31 日，对设在西部地区以《西部地区鼓励类产业目录》中规定的产业项目为主营业务，且其当年度主营业务收入占企业收入总额 70% 以上的企业，经企业申请，主管税务机关审核确认后，可减按 15% 税率缴纳企业所得税。上述所称收入总额，是指《企业所得税法》第六条规定的收入总额。企业应当在年度汇算清缴前向主管税务机关提出书面申请并附送相关资料。第一年须报主管税务机关审核确认，第二年及以后年度实行备案管理。各省、自治区、直辖市和计划单列市税务机关可结合本地实际制定具体审核、备案管理办法，并报国家税务总局（所得税司）备案。凡对企业主营业务是否属于《西部地区鼓励类产业目录》难以界定的，税务机关应要求企业提供省级（含副省级）政府有关行政主管部门或其授权的下一级行政主管部门出具的证明文件。企业主营业务属于《西部地区鼓励类产业目录》范围的，经主管税务机关确认，可按照 15% 税率预缴企业所得税。年度汇算清缴时，其当年度主营业务收入占企业总收入的比例达不到规定标准的，应按税法规定的税率计算申报并进行汇算清缴。

在《西部地区鼓励类产业目录》公布前，企业符合《产业结构调整指导目录（2005 年版)》《产业结构调整指导目录（2011 年版)》《外商投资产业指导目录（2007 年修订)》和《中西部地区优势产业目录（2008 年修订)》范围的，经税务机关确认后，其企业所得税可按照 15% 税率缴纳。《西部地区鼓励类产业目录》公布后，已按 15% 税率进行企业所得税汇算清缴的企业，若不符合上述规定的条件，可在履行相关程序后，按税法规定的适用税率重新计算申报。

2010 年 12 月 31 日前新办的交通、电力、水利、邮政、广播电视企业，凡已经按照《国家税务总局关于落实西部大开发有关税收政策具体实施意见的通知》（国税发〔2002〕47号）第二条第二款规定，取得税务机关审核批准的，其享受的企业所得税“两免三减半”优惠可以继续享受到期满为止；凡符合享受原西部大开发税收优惠规定条件，但由于尚未取得收入或尚未进入获利年度等原因，2010年12月31日前尚未按照国税发〔2002〕47号第二条规定完成税务机关审核确认手续的，可按照上述规定，履行相关手续后享受原税收优惠。

根据《财政部 国家税务总局关于执行企业所得税优惠政策若干问题的通知》（财税〔2009〕69号）第一条及第二条的规定，企业既符合西部大开发15%优惠税率条件，又符合《企业所得税法》及其实施条例和国务院规定的各项税收优惠条件的，可以同时享受。在涉及定期减免税的减半期内，可以按照企业适用税率计算的应纳税额减半征税。

总机构设在西部大开发税收优惠地区的企业，仅就设在优惠地区的总机构和分支机构（不含优惠地区外设立的二级分支机构在优惠地区内设立的三级以下分支机构）的所得确定适用15%优惠税率。在确定该企业是否符合优惠条件时，以该企业设在优惠地区的总机构和分支机构的主营业务是否符合《西部地区鼓励类产业目录》及其主营业务收入占其收入总额的比重加以确定，不考虑该企业设在优惠地区以外分支机构的因素。该企业应纳所得税额的计算和所得税缴纳，按照《国家税务总局关于印发〈跨地区经营汇总纳税企业所得税征收管理暂行办法〉的通知》（国税发〔2008〕28号）第十六条和《国家税务总局关于跨地区经营汇总纳税企业所得税征收管理若干问题的通知》（国税函〔2009〕221号）第二条的规定执行。有关审核、备案手续向总机构主管税务机关申请办理。

总机构设在西部大开发税收优惠地区外的企业，其在优惠地区内设立的分支机构（不含仅在优惠地区内设立的三级以下分支机构），仅就该分支机构所得确定适用15%优惠税率。在确定该分支机构是否符合优惠条件时，仅以该分支机构的主营业务是否符合《西部地区鼓励类产业目录》及其主营业务收入占其收入总额的比重加以确定。该企业应纳所得税额的计算和所得税缴纳，按照国税发〔2008〕28号第十六条和国税函〔2009〕221号第二条的规定执行。有关审核、备案手续向分支机构主管税务机关申请办理，分支机构主管税务机关需将该分支机构享受西部大开发税收优惠情况及时函告总机构所在地主管税务机关。

根据《财政部　国家税务总局关于赣州市执行西部大开发税收政策问题的通知》（财税〔2013〕4号）的规定，对赣州市内资鼓励类产业、外商投资鼓励类产业及优势产业的项目在投资总额内进口的自用设备，在政策规定范围内免征关税。自2012年1月1日至2020年12月31日，对设在赣州市的鼓励类产业的内资企业和外商投资企业减按15%的税率征收企业所得税。鼓励类产业的内资企业是指以《产业结构调整指导目录》中规定的鼓励类产业项目为主营业务，且其主营业务收入占企业收入总额70%以上的企业。鼓励类产业的外商投资企业是指以《外商投资产业指导目录》中规定的鼓励类项目和《中西部地区外商投资优势产业目录》中规定的江西省产业项目为主营业务，且其主营业务收入占企业收入总额70%以上的企业。

某些地区性的税收优惠政策也值得关注。例如，根据《新疆维吾尔自治区促进股权投资类企业发展暂行办法》（新政办发〔2010〕187号）的规定，合伙制股权投资类企业的投资收益，依法可采取“先分后税”的方式，由合伙人分别依法缴纳个人所得税或企业所得税。合伙制股权投资类企业的合伙人应缴纳的个人所得税，由合伙制股权投资类企业代扣代缴。合伙制股权投资类企业的合伙人为自然人的，合伙人的投资收益按照“利息、股息、红利所得”或者“财产转让所得”项目征收个人所得税，税率为20%。合伙人是法人或其他组织的，其投资收益按有关规定缴纳企业所得税。

为鼓励股权类投资企业和个人投资者在该区滚动发展，经新疆维吾尔自治区金融办备案的股权投资类企业，自2010年1月1日起至2015年12月31日止，执行以下政策。

（1）公司制的股权投资类企业，纳入自治区支持中小企业服务体系，依法享受国家西部大开发各项优惠政策，执行15%的所得税率，自治区地方分享部分减半征收。未能纳入该体系享受西部大开发政策的，减免企业所得税自治区地方分享部分的70%。

（2）公司制企业将税后利润向股东分红时，股东是自然人的，应缴纳的个人所得税由该企业代扣代缴。股东缴纳所得税后，自治区按其对地方财政贡献的50%予以奖励，奖励资金由纳税所在地财政部门拨付。

（3）合伙制的股权投资类企业的合伙人，按照“先分后税”缴纳所得税后，自治区按其对地方财政贡献的50%予以奖励，奖励资金由纳税所在地财政部门拨付。

（4）股权投资类企业因提供投融资管理或咨询服务等取得收入而缴纳营业税后，自治区按其对地方财政贡献的50%予以奖励，奖励资金由纳税所在地财政部门拨付。

股权投资类企业取得的权益性投资收益和权益转让收益，以及合伙人转让股权的，依法不征收营业税。

根据《新疆金融工作办公室、经济和信息化委员会、工商行政管理局、国家税务局、地方税务局关于鼓励股权投资类企业迁入我区的通知》（新金函〔2010〕87号）的规定，为加快落实《新疆维吾尔自治区促进股权投资类企业发展暂行办法》（新政办发〔2010〕187号，以下简称“《暂行办法》”），鼓励股权投资类企业迁入自治区发展，现就有关操作问题解释并通知如下：股权投资类企业迁入自治区，是指自治区以外的企业，为参与国家西部大开发和新疆跨越式发展，享受国家规定的鼓励政策，将企业迁入新疆，并将法定工商注册地变更至《暂行办法》第四条规定的喀什经济开发区、霍尔果斯经济开发区、乌鲁木齐经济技术开发区、乌鲁木齐高新技术开发区或者石河子经济技术开发区。迁入自治区的公司制或者合伙制股权投资类企业，符合《暂行办法》规定的备案条件的，2010年至2020年，按照《暂行办法》第二十一条的规定，纳入自治区支持中小企业社会化服务体系，依法享受国家西部大开发各项优惠政策和《暂行办法》规定的各项鼓励政策。迁入自治区的公司制股权投资类企业，公司的股权

70%以上由自然人持有且自然人承诺选择自治区作为其个人所得税缴纳地的，按照中发〔2010〕9号文件和自治区人民政府的有关规定，在2010年至2020年期间，享受企业所得税“两免三减半”优惠政策。享受企业所得税“两免三减半”政策的公司向股东分红时，自然人股东缴纳个人所得税后，不再给予《暂行办法》第二十一条第（二）项规定的财政奖励。迁入自治区的公司制股权投资类企业申请变更为合伙企业的，按照《自治区工商行政管理局关于有限责任公司变更为合伙企业的指导意见》（新工商企登〔2010〕172号）办理。迁入的公司符合企业所得税“两免三减半”政策条件的，迁入时可以直接变更登记为合伙企业。不符合企业所得税“两免三减半”政策条件的，先办理公司迁入手续，再按国家有关规定办理有限责任公司变更为合伙企业。

法律法规依据

（1）《中华人民共和国企业所得税法》（2007年3月16日第十届全国人民代表大会第五次会议通过，主席令第63号，自2008年1月1日起实施）第五十七条。

（2）《中华人民共和国企业所得税法实施条例》（国务院2007年12月6日颁布，国务院令第512号，自2008年1月1日起实施）。

（3）《国务院关于经济特区和上海浦东新区新设立高新技术企业实行过渡性税收优惠的通知》（国务院2007年12月26日发布，国发〔2007〕40号）。

（4）《财政部　国家税务总局　海关总署关于西部大开发税收优惠政策问题的通知》（财政部　国家税务总局　海关总署2001年12月30日发布，财税〔2001〕202号）。

（5）《财政部　国家税务总局关于执行企业所得税优惠政策若干问题的通知》（财税〔2009〕69号）。

（6）《国家税务总局关于西部大开发企业所得税优惠政策适用目录问题的批复》（国家税务总局2009年7月27日发布，国税函〔2009〕399号）。

（7）《国家税务总局关于深入实施西部大开发战略有关企业所得税问题的公告》（国家税务总局公告2012年第12号）。

（8）《财政部　国家税务总局关于赣州市执行西部大开发税收政策问题的通知》（财税〔2013〕4号）。

（9）《新疆维吾尔自治区促进股权投资类企业发展暂行办法》（新政办发〔2010〕187号）。

（10）《新疆金融工作办公室、经济和信息化委员会、工商行政管理局、国家税务局、地方税务局关于鼓励股权投资类企业迁入我区的通知》（新金函〔2010〕87号）。

税收筹划案例一

某互联网金融企业原计划在广州设立一高科技企业，该企业预计年盈利1 000万元。经过市场调研，该企业设在广州和深圳对于企业的盈利能力没有实质影响，该企业在深圳预计年盈利900万元。请对该企业的投资计划提出税收筹划方案。

该企业可以在深圳设立高科技企业，因为高科技企业在经济特区内取得的所得，可以享受下列税收优惠政策：自取得第一笔生产经营收入所属纳税年度起，第一年至第二年免征企业所得税，第三年至第五年按照25%的法定税率减半征收企业所得税。按照该企业年盈利1 000万元计算，设在广州，该企业五年需要缴纳企业所得税：$1\ 000 \times 25\% \times 5 = 1\ 250$（万元），税后净利润：$1\ 000 \times 5 - 1\ 250 = 3\ 750$（万元）。如果设在深圳，该企业五年需要缴纳企业所得税：$900 \times 25\% \times 50\% \times 3 = 337.5$（万元），税后净利润：$900 \times 5 - 337.5 = 4\ 162.5$（万元）。故应当设立在深圳。通过税收筹划，增加税后净利润：$4\ 162.5 - 3\ 750 = 412.5$（万元）。

税收筹划案例二

新疆股权投资企业优惠政策于2010年8月25日实施，当年主要进行宣传，迁移新疆和新注册的企业很少。2011 年迁移入驻新疆的股权投资企业逐步增多，2013 年形成了热潮。亚太科技 2013 年 1 月 13 日的限售股份上市流通公告表明，公司第六大股东湖南唯通资产管理有限公司、第七大股东深圳兰石创业投资有限公司，已分别于 2011 年 9 月和 2011 年 3 月变更为新疆唯通股权投资管理合伙企业（有限合伙）与新疆兰石创业投资有限合伙企业，两企业分持亚太科技 538.2 万股和 292.5 万股，均已解禁流通。长信科技第二大股东 2011 年 3 月进驻新疆，名称由芜湖润丰科技有限公司变更为新疆润丰股权投资企业（有限合伙）。东方电热第四大股东上海东方世纪企业管理有限公司，根据 3 月 8 日公告，其名称已变更为新疆东方世纪股权投资合伙企业，其所持占东方电热 9.9% 的 890 万股，将于 2012 年 5 月 18 日解禁上市流通。请分析上述企业迁移所带来的税收筹划利益。

根据上述新疆税收优惠政策，上述企业迁移前税负 40%，迁移后税负 28%，降低税负 12%。个人持有上市公司限售股，解禁后转让，需要就差价缴纳 20% 的个人所得税。投资公司持有上市公司限售股，解禁后转让，需要就差价缴纳 25% 的企业所得税，个人股东从该投资公司取得股息还要缴纳 20% 的个人所得税，综合税率为 40%。个人持有新疆合伙企业股权，合伙企业持有上市公司股权，解禁后个人按照 5% ~35% 的税率缴纳个人所得税。地方退税 20%。综合税率低于 28%。个人持有新疆公司股权，新疆公司持有上市公司股权，解禁转让后，新疆公司享受“两免三减半”优惠不纳税，个人取得股息缴纳 20% 个人所得税，地方退税 20%，实际税负 16%。与个人直接持股上市公司相比：税负降低 4%。与个人通过公司间接持有上市公司相比：税负降低 24%。

4 投资国家扶持项目

税收筹划思路

根据现行企业所得税政策，企业从事符合条件的环境保护、节能节水项目的所得可以免征、减征企业所得税。符合条件的环境保护、节能节水项目，包括公共污水处理、公共垃圾处理、沼气综合开发利用、节能减排技术改造、海水淡化等。企业从事上述符合条件的环境保护、节能节水项目的所得，自项目取得第一笔生产经营收入所属纳税年度起，第一年至第三年免征企业所得税，第四年至第六年减半征收企业所得税。

企业开发新技术、新产品、新工艺发生的研究开发费用可以在计算应纳税所得额时加计扣除。研究开发费用的加计扣除，是指企业为开发新技术、新产品、新工艺发生的研究开发费用，未形成无形资产计入当期损益的，在按照规定据实扣除的基础上，按照研究开发费用的 50% 加计扣除；形成无形资产的，按照无形资产成本的 150% 摊销。

企业综合利用资源，生产符合国家产业政策规定的产品所取得的收入，可以在计算应纳税所得额时减计收入。减计收入，是指企业以《资源综合利用企业所得税优惠目录》规定的资源作为主要原材料，生产国家非限制和禁止并符合国家和行业相关标准的产品取得的收入，减按 90% 计入收入总额。

企业购置用于环境保护、节能节水、安全生产等专用设备的投资额，可以按一定比例实行税额抵免。税额抵免，是指企业购置并实际使用《环境保护专用设备企业所得税优惠目录》《节能节水专用设备企业所得税优惠目录》和《安全生产专用设备企业所得税优惠目录》规定的环境保护、节能节水、安全生产等专用设备的，该专用设备的投资额的10%可以从企业当年的应纳税额中抵免；当年不足抵免的，可以在以后5个纳税年度结转抵免。享受上述规定的企业所得税优惠的企业，应当实际购置并自身实际投入使用上述规定的专用设备；企业购置上述专用设备在5年内转让、出租的，应当停止享受企业所得税优惠，并补缴已经抵免的企业所得税税款。

集成电路线宽小于0.8微米（含）的集成电路生产企业，经认定后，在2017年12月31日前自获利年度起计算优惠期，第一年至第二年免征企业所得税，第三年至第五年按照25%的法定税率减半征收企业所得税，并享受至期满为止。集成电路线宽小于0.25微米或投资额超过80亿元的集成电路生产企业，经认定后，减按15%的税率征收企业所得税，其中经营期在15年以上的，在2017年12月31日前自获利年度起计算优惠期，第一年至第五年免征企业所得税，第六年至第十年按照25%的法定税率减半征收企业所得税，并享受至期满为止。我国境内新办的集成电路设计企业和符合条件的软件企业，经认定后，在2017年12月31日前自获利年度起计算优惠期，第一年至第二年免征企业所得税，第三年至第五年按照25%的法定税率减半征收企业所得税，并享受至期满为止。国家规划布局内的重点软件企业和集成电路设计企业，如当年未享受免税优惠的，可减按10%的税率征收企业所得税。符合条件的软件企业按照《财政部　国家税务总局关于软件产品增值税政策的通知》（财税〔2011〕100号）规定取得的即征即退增值税款，由企业专项用于软件产品研发和扩大再生产并单独进行核算，可以作为不征税收入，在计算应纳税所得额时从收入总额中减除。集成电路设计企业和符合条件软件企业的职工培训费用，应单独进行核算并按实际发生额在计算应纳税所得额时扣除。企业外购的软件，凡符合固定资产或无形资产确认条件的，可以按照固定资产或无形资产进行核算，其折旧或摊销年限可以适当缩短，最短可为 2 年（含）。集成电路生产企业的生产设备，其折旧年限可以适当缩短，最短可为 3 年（含）。集成电路生产企业，是指以单片集成电路、多芯片集成电路、混合集成电路制造为主营业务并同时符合下列条件的企业：依法在中国境内成立并经认定取得集成电路生产企业资质的法人企业；签订劳动合同关系且具有大学专科以上学历的职工人数占企业当年月平均职工总人数的比例不低于 40%，其中研究开发人员占企业当年月平均职工总数的比例不低于 20%；拥有核心关键技术，并以此为基础开展经营活动，且当年度的研究开发费用总额占企业销售（营业）收入（主营业务收入与其他业务收入之和，下同）总额的比例不低于 5%；其中，企业在中国境内发生的研究开发费用金额占研究开发费用总额的比例不低于 60%；集成电路制造销售（营业）收入占企业收入总额的比例不低于 60%；具有保证产品生产的手段和能力，并获得有关资质认证（包括 ISO 质量体系认证、人力资源能力认证等）；具有与集成电路生产相适应的经营场所、软硬件设施等基本条件。

企业可以充分利用上述税收优惠政策进行税收筹划。

法律法规依据

（1）《中华人民共和国企业所得税法》（2007 年 3 月 16 日第十届全国人民代表大会第五次会议通过，主席令第 63 号，自 2008 年 1 月 1 日起实施）。

（2）《中华人民共和国企业所得税法实施条例》（国务院 2007 年 12 月 6 日颁布，国务院令第 512 号，自 2008 年 1 月 1 日起实施）。

（3）《财政部　国家税务总局关于进一步鼓励软件产业和集成电路产业发展企业所得税政策的通知》（财税〔2012〕27 号）。

税收筹划案例

某互联网金融企业符合小型微利企业的从业人数和资产总额标准，但预计年应纳税所得额会达到45万元。该企业如何进行税收筹划?

该企业可以进行一项新产品的研发，投入研发资金10万元，该10万元研发费用可以直接计入当期成本，同时可以加计扣除50%的费用，也就是可以在当期扣除15万元的成本，这样，该企业的应纳税所得额就变成30万元。可以享受小型微利企业的低税率优惠政策。如果该企业不进行该税收筹划，需要缴纳企业所得税：45×25%=11.25（万元），经过税收筹划，需要缴纳企业所得税：30×20%=6（万元）。减轻税收负担：11.25-6=5.25（万元）。

5 招聘国家鼓励人员

税收筹划思路

根据现行企业所得税政策，企业的下列支出，可以在计算应纳税所得额时加计扣除：开发新技术、新产品、新工艺发生的研究开发费用；安置残疾人员及国家鼓励安置的其他就业人员所支付的工资。

企业安置残疾人员所支付的工资的加计扣除，是指企业安置残疾人员的，在按照支付给残疾职工工资据实扣除的基础上，按照支付给残疾职工工资的100%加计扣除。残疾人员的范围适用《残疾人保障法》的有关规定。企业安置国家鼓励安置的其他就业人员所支付的工资的加计扣除办法，由国务院另行规定。

由于企业雇用国家鼓励安置的残疾人员可以享受工资支出加计扣除100%的优惠政策，因此，如果企业的部分生产经营活动可以通过残疾人员来完成，则可以通过雇用残疾人员来进行税收筹划。

企业安置残疾人员的，按实际支付给残疾职工工资的100%加计扣除。残疾人员的范围适用《残疾人保障法》的有关规定。根据《残疾人保障法》第二条的规定，残疾人是指在心理、生理、人体结构上，某种组织、功能丧失或者不正常，全部或者部分丧失以正常方式从事某种活动能力的人。残疾人包括视力残疾、听力残疾、言语残疾、肢体残疾、智力残疾、精神残疾、多重残疾和其他残疾的人。残疾标准由国务院规定。一般而言，残疾人员包括经认定的视力、听力、言语、肢体、智力和精神残疾人员。从程序的角度来讲，残疾人员必须持有《中华人民共和国残疾人证》或者《中华人民共和国残疾军人证》（1～8级）。

根据《中国实用残疾人评定标准（试用）》（中国残疾人联合会〔1995〕残联组联字第61号）的规定，目前我国的残疾人分为6类。其标准分别如下。

（1）视力残疾标准。视力残疾，是指由于各种原因导致双眼视力障碍或视野缩小，通过各种药物、手术及其他疗法而不能恢复视功能者（或暂时不能通过上述疗法恢复视功能者），以致不能进行一般人所能从事的工作、学习或其他活动。视力残疾包括：盲及低视力两类。视力残疾的分级为：一级盲：最佳矫正视力低于0.02；或视野半径小于5度。二级盲：最佳矫正视力等于或优于0.02，而低于0.05；或视野半径小于10度。一级低视力：最佳矫正视力等于或优于0.05，而低于0.1。二级低视力：最佳矫正视力等于或优于0.1，而低于0.3。

（2）听力残疾标准。听力残疾，是指由于各种原因导致双耳不同程度的听力丧失，听不到或听不清周围环境声及言语声（经治疗一年以上不愈者）。听力残疾包括：听力完全丧失及有残留听力但辨音不清，不能进行听说交往两类。

（3）言语残疾标准。言语残疾指由于各种原因导致的言语障碍（经治疗一年以上不愈者），而不能进行正常的言语交往活动。言语残疾包括：言语能力完全丧失及言语能力部分丧失，不能进行正常言语交往。言语残疾的分级：一级指只能简单发音而言语能力完全丧失者；二级指具有一定的发音能力，语音清晰度在10%～30%，言语能力等级测试可通过一级，但不能通过二级测试水平；三级指具有发音能力，语音清晰度在31%～50%，言语能力等级测试可通过二级，但不能通过三级测试水平；四级指具有发音能力，语言清晰度在51%～70%，言语能力等级测试可通过三级，但不能通过四级测试水平。

（4）智力残疾标准。智力残疾是指人的智力明显低于一般人的水平，并显示适应行为障碍。智力残疾包括：在智力发育期间，由于各种原因导致的智力低下；智力发育成熟以后，由于各种原因引起的智力损伤和老年期的智力明显衰退导致的痴呆。智力残疾的分级：根据世界卫生组织（WHO）和美国智力低下协会（AAMD）的智力残疾的分级标准，按其智力商数（IQ）及社会适应行为来划分智力残疾的等级。

（5）肢体残疾标准。肢体残疾是指人的肢体残缺、畸形、麻痹所致人体运动功能障碍。肢体残疾包括：脑瘫（四肢瘫、三肢瘫、二肢瘫、单肢瘫），偏瘫，脊髓疾病及损伤（四肢瘫、截瘫），小儿麻痹后遗症，后天性截肢，先天性缺肢、短肢、肢体畸形、侏儒症，两下肢不等长，脊柱畸形（驼背、侧弯、强直），严重骨、关节、肌肉疾病和损伤，周围神经疾病和损伤。肢体残疾的分级：以残疾者在无辅助器具帮助下，对日常生活活动的能力进行评价计分。日常生活活动分为8项，即端坐、站立、行走、穿衣、洗漱、进餐、如厕、写字。能实现一项算1分，实现困难算0.5分，不能实现的算0分，据此划分三个等级。

（6）精神残疾标准。精神残疾是指精神病人患病持续一年以上未痊愈，同时导致其对家庭、社会应尽职能出现一定程度的障碍。精神残疾可由以下精神疾病引起：精神分裂症；情感性、反应性精神障碍；脑器质性与躯体疾病所致的精神障碍；精神活性物质所致的精神障碍；儿童少年期精神障碍；其他精神障碍。精神残疾的分级：对于患有上述精神疾病持续1年以上未痊愈者，应用“精神残疾分级的操作性评估标准”评定精神残疾的等级。

在实务操作中，对残疾职工工资的加计扣除应当按照以下方法进行：根据《财政部　国家税务总局关于促进残疾人就业税收优惠政策的通知》（财税〔2007〕92号）的规定，单位支付给残疾人的实际工资可在企业所得税前据实扣除，并可按支付给残疾人实际工资的100%加计扣除。单位实际支付给残疾人的工资加计扣除部分，如大于本年度应纳税所得额的，可准予扣除其不超过应纳税所得额的部分，超过部分本年度和以后年度均不得扣除。亏损单位不适用上述工资加计扣除应纳税所得额的办法。单位在执行上述工资加计扣除应纳税所得额办法的同时，可以享受其他企业所得税优惠政策。所述“单位”是指税务登记为各类所有制企业（不包括个人独资企业、合伙企业和个体经营户）、事业单位、社会团体和民办非企业单位。安置残疾人就业的单位（包括福利企业、盲人按摩机构、工疗机构和其他单位），同时符合以下条件并经过有关部门的认定后，均可申请享受上述税收优惠政策：（1）依法与安置的每位残疾人签订了1年以上（含1年）的劳动合同或服务协议，并且安置的每位残疾人在单位实际上岗工作。（2）月平均实际安置的残疾人占单位在职职工总数的比例应高于25%（含25%），并且实际安置的残疾人人数多于10人（含10人）。（3）为安置的每位残疾人按月足额缴纳了单位所在区县人民政府根据国家政策规定的基本养老保险、基本医疗保险、失业保险和工伤保险等社会保险。（4）通过银行等金融机构向安置的每位残疾人实际支付了不低于单位所在区县适用的经省级人民政府批准的最低工资标准的工资。（5）具备安置残疾人上岗工作的基本设施。

以上所述“残疾人”，是指持有《中华人民共和国残疾人证》上注明属于视力残疾、听力残疾、言语残疾、肢体残疾、智力残疾和精神残疾的人员和持有《中华人民共和国残疾军人证》（1～8级）的人员。单位和个人采用签订虚假劳动合同或服务协议、伪造或重复使用残疾人证或残疾军人证、残疾人挂名而不实际上岗工作、虚报残疾人安置比例、为残疾人不缴或少缴规定的社会保险、变相向残疾人收回支付的工资等方法骗取《财政部　国家税务总局关于促进残疾人就业税收优惠政策的通知》（财税〔2007〕92号）规定的税收优惠政策的，除依照法律法规和其他有关规定追究有关单位和人员的责任外，其实际发生上述违法违规行为年度内实际享受到的减（退）税款应全额追缴入库，并自其发生上述违法违规行为年度起3年内取消其享受《财政部　国家税务总局关于促进残疾人就业税收优惠政策的通知》（财税〔2007〕92号）规定的各项税收优惠政策的资格。

根据《国家税务总局　民政部　中国残疾人联合会关于促进残疾人就业税收优惠政策征管办法的通知》（国税发〔2007〕67号）的规定，申请享受《财政部　国家税务总局关于促进残疾人就业税收优惠政策的通知》

（财税〔2007〕92 号）规定的税收优惠政策的符合福利企业条件的用人单位，安置残疾人超过 25%（含 25%），且残疾职工人数不少于 10 人的，在向税务机关申请减免税前，应当先向当地县级以上地方人民政府民政部门提出福利企业的认定申请。盲人按摩机构、工疗机构等集中安置残疾人的用人单位，在向税务机关申请享受《财政部　国家税务总局关于促进残疾人就业税收优惠政策的通知》（财税〔2007〕92 号）第一条、第二条规定的税收优惠政策前，应当先向当地县级残疾人联合会提出认定申请。申请享受《财政部　国家税务总局关于促进残疾人就业税收优惠政策的通知》（财税〔2007〕92 号）规定的税收优惠政策的其他单位，可直接向税务机关提出申请。民政部门、残疾人联合会应当按照《财政部　国家税务总局关于促进残疾人就业税收优惠政策的通知》（财税〔2007〕92 号）第五条规定的条件，对前项所述单位安置残疾人的比例和是否具备安置残疾人的条件进行审核认定，并向申请人出具书面审核认定意见。《中华人民共和国残疾人证》和《中华人民共和国残疾军人证》的真伪，分别由残疾人联合会、民政部门进行审核。各地民政部门、残疾人联合会在认定工作中不得直接或间接向申请认定的单位收取任何费用。如果认定部门向申请认定的单位收取费用，则上述单位可不经认定，直接向主管税务机关提出减免税申请。取得民政部门或残疾人联合会认定的单位（以下简称“纳税人”），可向主管税务机关提出减免税申请，并提交以下材料：（1）经民政部门或残疾人联合会认定的纳税人，出具上述部门的书面审核认定意见；（2）纳税人与残疾人签订的劳动合同或服务协议（副本）；（3）纳税人为残疾人缴纳社会保险费缴费记录；（4）纳税人向残疾人通过银行等金融机构实际支付工资凭证；（5）主管税务机关要求提供的其他材料。

不需要经民政部门或残疾人联合会认定的单位（以下简称“纳税人”），可向主管税务机关提出减免税申请，并提交以下材料：（1）纳税人与残疾人签订的劳动合同或服务协议（副本）；（2）纳税人为残疾人缴纳社会保险费缴费记录；（3）纳税人向残疾人通过银行等金融机构实际支付工资凭证；（4）主管税务机关要求提供的其他材料。

法律法规依据

（1）《中华人民共和国企业所得税法》（2007年3月16日第十届全国人民代表大会第五次会议通过，主席令第63号，自2008年1月1日起实施）第三十条。

（2）《中华人民共和国企业所得税法实施条例》（国务院2007年12月6日颁布，国务院令第512号，自2008年1月1日起实施）第九十六条。

（3）《中华人民共和国残疾人保障法》（1990年12月28日第七届全国人民代表大会常务委员会第十七次会议通过，1990年12月28日中华人民共和国主席令第36号公布，自1991年5月15日起施行）第二条。

（4）《财政部　国家税务总局关于促进残疾人就业税收优惠政策的通知》（财税〔2007〕92号）。

（5）《国家税务总局　民政部　中国残疾人联合会关于促进残疾人就业税收优惠政策征管办法的通知》（国税发〔2007〕67号）。

税收筹划案例

2014年，某互联网金融公司由于生产经营需要准备招用100名普通职工，由于该项工作不需要职工具备特殊技能而且是坐在椅子上从事工作，具有一定腿部残疾的人员也可以完成。该公司原计划招收非残疾人员，人均月工资为2 000元，合同期限为3年。请对该公司的招用计划进行税收筹划。

由于该公司的工作残疾人员也可以胜任，因此，该公司可以通过招用残疾人员来进行税收筹划。根据《企业所得税法实施条例》第九十六条的规定，该公司可以享受按实际支付给残疾职工工资的100%加计扣除的优惠政策。3年内，支付给残疾职工的工资可以为企业节约企业所得税：$2\ 000\times100\times12\times3\times25\%=1\ 800\ 000$（元）。假设该企业拥有5 000名员工，该企业所在地上年平均工资为3万元，该举措还可以使企业少缴残保金：$5\ 000\times1.7\%\times3=255$（万元）。

6 恰当选择享受优惠政策的起始年度进行税收筹划

税收筹划思路

根据现行的税收政策，企业所得税按纳税年度计算。纳税年度自公历1月1日起至12月31日止。企业在一个纳税年度中间开业，或者终止经营活动，使该纳税年度的实际经营期不足12个月的，应当以其实际经营期为一个纳税年度。

企业从事国家重点扶持的公共基础设施项目的投资经营的所得，自项目取得第一笔生产经营收入所属纳税年度起，第一年至第三年免征企业所得税，第四年至第六年减半征收企业所得税。企业从事符合条件的环境保护、节能节水项目的所得，自项目取得第一笔生产经营收入所属纳税年度起，第一年至第三年免征企业所得税，第四年至第六年减半征收企业所得税。

对经济特区和上海浦东新区内在2008年1月1日（含）之后完成登记注册的国家需要重点扶持的高新技术企业，在经济特区和上海浦东新区内取得的所得，自取得第一笔生产经营收入所属纳税年度起，第一年至第二年免征企业所得税，第三年至第五年按照25%的法定税率减半征收企业所得税。国家需要重点扶持的高新技术企业，是指拥有核心自主知识产权，同时符合《企业所得税法实施条例》第九十三条规定的条件，并按照《高新技术企业认定管理办法》认定的高新技术企业。经济特区和上海浦东新区内新设高新技术企业同时在经济特区和上海浦东新区以外的地区从事生产经营的，应当单独计算其在经济特区和上海浦东新区内取得的所得，并合理分摊企业的期间费用；没有单独计算的，不得享受企业所得税优惠。经济特区和上海浦东新区内新设高新技术企业在按照《国务院关于经济特区和上海浦东新区新设立高新技术企业实行过渡性税收优惠的通知》（国发〔2007〕40 号）的规定享受过渡性税收优惠期间，由于复审或抽查不合格而不再具有高新技术企业资格的，从其不再具有高新技术企业资格年度起，停止享受过渡性税收优惠；以后再次被认定为高新技术企业的，不得继续享受或者重新享受过渡性税收优惠。

企业所得税的一些定期优惠政策是从企业取得生产经营所得的年度开始计算的，如果企业从年度中间甚至年底开始生产经营，该年度将作为企业享受税收优惠政策的第一年。由于该年度的生产经营所得非常少，因此，企业是否享受减免税政策意义并不是很大，此时，企业就应当恰当选择享受税收优惠的第一个年度，适当提前或者推迟进行生产经营活动的日期。

法律法规依据

（1）《中华人民共和国企业所得税法》（2007 年 3 月 16 日第十届全国人民代表大会第五次会议通过，主席令第 63 号，自 2008 年 1 月 1 日起实施）第五十三条。

（2）《中华人民共和国企业所得税法实施条例》（国务院 2007 年 12 月 6 日颁布，国务院令第 512 号，自 2008 年 1 月 1 日起实施）第八十七条、第八十八条。

（3）《国务院关于经济特区和上海浦东新区新设立高新技术企业实行过渡性税收优惠的通知》（国务院 2007 年 12 月 26 日发布，国发〔2007〕40 号）。

税收筹划案例

某互联网金融公司是2011年11月1日在上海浦东新区登记注册的国家需要重点扶持的高新技术企业，根据税法规定，可以享受自取得第一笔生产经营收入所属纳税年度起，第一年至第二年免征企业所得税，第三年至第五年按照25%的法定税率减半征收企业所得税的优惠政策。该公司原计划于2011年11月开始生产经营，当年预计应纳税所得额为0，从2012年度至2016年度，每年预计应纳税所得额分别为800万元、1 000万元、1 500万元、2 000万元和2 500万元。请计算从2011年度到2016年度，该公司应当缴纳多少企业所得税，并提出税收筹划方案。

该公司从2011年度开始生产经营，应当开始计算享受税收优惠的期限。该公司2011年度至2012年度可以享受免税待遇，不需要缴纳企业所得税。从2013年度至2015年度可以享受减半征税的待遇，因此，需要缴纳企业所得税：（1 000 + 1 500 + 2 000）×25% ×50% = 562.5（万元）。2016年度不享受税收优惠，需要缴纳企业所得税：2 500 ×25% = 625（万元）。因此，该企业从2011年度至2016年度合计需要缴纳企业所得税：562.5 + 625 = 1187.5（万元）。如果该企业将生产经营日期推迟到2012年1月1日，这样，2012年度就是该企业享受税收优惠的第一年，从2012年度至2013年度，该企业可以享受免税待遇，不需要缴纳企业所得税。从2014年度至2016年度，该企业可以享受减半征收企业所得税的优惠待遇，需要缴纳企业所得税：（1 500 + 2 000 + 3 500） ×25% ×50% = 875（万元）。经过税收筹划，减轻税收负担：1187.5 - 875 = 312.5（万元）。

7 预缴企业所得税中的税收筹划

税收筹划思路

《企业所得税法》第五十四条规定："企业所得税分月或者分季预缴。企业应当自月份或者季度终了之日起15日内，向税务机关报送预缴企业所得税纳税申报表，预缴税款。企业应当自年度终了之日起5个月内，向税务机关报送年度企业所得税纳税申报表，并汇算清缴，结清应缴应退税款。"企业根据上述规定分月或者分季预缴企业所得税时，应当按照月度或者季度的实际利润额预缴；按照月度或者季度的实际利润额预缴有困难的，可以按照上一纳税年度应纳税所得额的月度或者季度平均额预缴，或者按照经税务机关认可的其他方法预缴。预缴方法一经确定，该纳税年度内不得随意变更。

根据税法的上述规定，企业可以通过选择适当的预缴企业所得税办法进行税收筹划。当企业预计当年的应纳税所得额比上一纳税年度低时，可以选择按纳税期限的实际数预缴，当企业预计当年的应纳税所得额比上一纳税年度高时，可以选择按上一年度应纳税所得额的1/12或1/4的方法分期预缴所得税。

根据《国家税务总局关于加强企业所得税预缴工作的通知》（国税函

〔2009〕34 号）的规定，为确保税款足额及时入库，各级税务机关对纳入当地重点税源管理的企业，原则上应按照实际利润额预缴方法征收企业所得税。各级税务机关根据企业上年度企业所得税预缴和汇算清缴情况，对全年企业所得税预缴税款占企业所得税应缴税款比例明显偏低的，要及时查明原因，调整预缴方法或预缴税额。各级税务机关要处理好企业所得税预缴和汇算清缴税款入库的关系，原则上各地企业所得税年度预缴税款占当年企业所得税入库税款（预缴数 + 汇算清缴数）应不少于 70%。

法律法规依据

（1）《中华人民共和国企业所得税法》（2007 年 3 月 16 日第十届全国人民代表大会第五次会议通过，主席令第 63 号，自 2008 年 1 月 1 日起实施）第五十四条。

（2）《中华人民共和国企业所得税法实施条例》（国务院 2007 年 12 月 6 日颁布，国务院令第 512 号，自 2008 年 1 月 1 日起实施）第一百二十八条。

（3）《国家税务总局关于加强企业所得税预缴工作的通知》（国家税务总局 2009 年 1 月 20 日发布，国税函〔2009〕34 号）。

税收筹划案例

某互联网金融企业 2014 纳税年度缴纳企业所得税 1 200 万元，企业预计 2015 纳税年度应纳税所得额会有一个比较大的增长，每季度实际的应纳税所得额分别为 1 500 万元、1 600 万元、1 400 万元、1 700 万元。企业选择按照纳税期限的实际数额来预缴企业所得税。请计算该企业每季度预缴企业所得税的数额，并提出税收筹划方案。

按照 25% 的企业所得税税率计算，该企业需要在每季度预缴企业所得税分别为 375 万元、400 万元、350 万元、425 万元。

由于企业 2015 年度的实际应纳税所得额比 2014 年度高，而且在企业的预料之中，因此，企业可以选择按上一年度应纳税所得额的1/4的方法按季度分期预缴所得税。这样，该企业在每季度只需要预缴企业所得税300万元。假设银行活期存款利息为1%，并且每年计算一次利息，则该企业可以获得利息收入：（375－300）×1%×9÷12＋（400－300）×1%×6÷12＋（350－300）×1%×3÷12＝1.1875（万元）。

8 平安保险税收案例分析

税收筹划案例

2007年平安保险上市之前，由于个人不能成为上市保险公司的股东，所以将员工受益计划设计为法人持股，即由新豪时公司和景傲实业这两家员工投资公司代表员工持股，股权架构为：平安保险员工—（新豪时公司、景傲实业公司）—平安保险上市公司。2010年4月，首批平安保险限售股解禁，根据计算1.9万名平安保险员工平均每个人出售所持股票获利为200万元，但是出售股票的主体是新豪时公司和景傲公司，200万元按照25%税率缴纳企业所得税后，只剩下150万元，分给员工的时候尚需要扣缴20%的个人所得税30万元，因此以出售股票获利为200万元为例，员工需要负担80万元的个人所得税，财富大幅缩水，收益打了六折。

按照2010年时的解禁方案，作为中国平安员工两大持股平台的新豪时公司和景傲公司，在5年内通过二级市场公开出售和大宗交易相结合的方式减持平安A股，减持后，按照国家税法规定缴纳企业所得税和代扣代缴个人所得税后，将收益分配给权益持有人。而按照法律规定，深圳企业所得税税率2010年为22%，2011年为24%，2012年后为25%，个人所得税税率均为20%。

此举引起平安保险员工的极大不满，他们高举“我的股票我做主”的旗帜，在平安保险总部静坐，但是平安保险公司的说法却是，如果不是目前的股权结构，由于个人不能做上市保险公司的股东，员工连120万元的利润都得不到，正是由于公司的架构设计，才使得员工享受到公司上市的红利。

那么，是否有其他更好的合理方式解决该问题呢？根据财税〔2009〕159号文件规定，合伙企业是税收透明体，采取先分后税的原则，即如果新豪时公司是合伙企业的话，只需要就200万元利润按照个体工商户生产经营所得代扣代缴个人所得税约70万元即可，25%的企业所得税不需要缴纳。如果合伙企业不能持有上市保险公司股权，平安保险员工还可以采取从公司按月领取800元劳务报酬的方式每年领取9 600元劳务报酬，税负为0；或者每月领取2.5万元劳务报酬（扣税4 000元，税负为16%）每年领取30万元劳务报酬；如果动员平安保险的亲朋好友参与领取，则一年即可将200万元所得全部领出，纳税32万元。

2010年7月，新豪时公司和景傲公司悄然将注册地由深圳迁至西藏。在外界看来，这是两家公司决策者借助西藏目前的优惠税收政策采取的避税之举。不过，即便享受着国内较优惠的税率，凭借减持股份所得的巨额收益，这两家公司在西藏纳税企业排名上仍位居前列。

西藏国税局2012年4月10日公布的《2011年度西藏纳税百强排行榜》显示，新上榜的新豪时公司和景傲公司，一跃成为2011年纳税的状元和榜眼，分别缴纳各项税收6.1亿元和4.8亿元。

法律法规依据

（1）《中华人民共和国个人所得税法》（1980年9月10日第五届全国人民代表大会第三次会议通过，2011年6月30日第十一届全国人民代表大会常务委员会第二十一次会议第六次修正）。

（2）《中华人民共和国个人所得税法实施条例》（1994年1月28日

中华人民共和国国务院令第 142 号发布，根据 2011 年 7 月 19 日《国务院关于修改〈中华人民共和国个人所得税法实施条例〉的决定》第三次修订）。

（3）《财政部　国家税务总局关于合伙企业合伙人所得税问题的通知》（财税〔2009〕159 号）。

第2章

互联网金融企业生产经营税收筹划与案例分析

1 固定资产修理中的税收筹划

税收筹划思路

固定资产的修理费用是企业生产经营过程中经常发生的费用，根据修理程度的不同，《企业所得税法》规定了不同的扣除政策。根据《企业所得税法》第十三条的规定，固定资产的大修理支出应当作为长期待摊费用。按照固定资产尚可使用年限分期摊销，固定资产的大修理支出有两个标准。

（1）修理支出达到取得固定资产时的计税基础50%以上。

（2）修理后固定资产的使用年限延长2年以上。

如果企业处于正常生产经营状况下，在当期直接扣除固定资产修理支出对企业更有利。如果企业的固定资产修理支出达到了大修理支出的标准，可以通过采取多次修理的方式来获得当期扣除修理费用的税收待遇。

法律法规依据

（1）《中华人民共和国企业所得税法》（2007年3月16日第十届全国人民代表大会第五次会议通过，主席令第63号，自2008年1月1日起实施）第十三条。

（2）《中华人民共和国企业所得税法实施条例》（国务院 2007 年 12 月 6 日颁布，国务院令第 512 号，自 2008 年 1 月 1 日起实施）第六十九条。

税收筹划案例

某互联网金融公司 2014 年 10 月起对一台固定资产进行大修，12 月完工，该固定资产原价及计税基础均为 8 000 万元，发生修理费用 4 100 万元。修理后固定资产的使用寿命延长 3 年，假定当年实现利润 6 000 万元，不考虑其他纳税调整事项。请计算该企业应当如何进行摊销，并提出税收筹划方案。

按该公司修理方案，大修理支出占固定资产计税基础 51.25%，即（4 100 ÷ 8 000）×100%，超过 50%；修理后固定资产的使用寿命延长 2 年以上，属于大修理支出，按企业的会计政策，修理费用在 5 年内摊销，当年税前可摊销约 68 万元（即 4 100 ÷ 5 ÷ 12），则 2014 年应纳企业所得税：（6 000 − 68）×25% = 1 483（万元）。

如果上述设备不在此次更换，而在 2015 年度更换且不影响生产经营，则其结果：修理支出降为 3 100 万元（即 4 100 − 1 000），修理支出占固定资产的计税基础 38.75%，即（3 100 ÷ 8 000）×100%，不符合税法规定的大修理条件，该 3 100 万元的修理支出可以在当年直接扣除，2014 年应纳企业所得税：（6 000 − 3 100）×25% = 725（万元）。

2 利用汇率变动趋势进行税收筹划

税收筹划思路

根据现行的企业所得税政策，企业所得以人民币以外的货币计算的，预缴企业所得税时，应当按照月度或者季度最后一日的人民币汇率中间价，折合成人民币计算应纳税所得额。年度终了汇算清缴时，对已经按照月度或者季度预缴税款的，不再重新折合计算，只就该纳税年度内未缴纳企业所得税的部分，按照纳税年度最后一日的人民币汇率中间价，折合成人民币计算应纳税所得额。

如果纳税人的外汇收入数额不大，或者外汇汇率基本保持不变，利用上述规定进行税收筹划的空间不大。但如果纳税人的外汇收入数额较大并且外汇汇率变化较大，利用上述规定进行税收筹划的空间就比较大。如果预计某月底人民币汇率中间价将提高，则该月的外汇所得应当尽量减少，如果预计某月底人民币汇率中间价将降低，则该月的外汇所得应当尽量增加。如果预计年底人民币汇率中间价将提高，则预缴税款数额与应纳税额的差额应当尽量减少，如果预计年底人民币汇率中间价将降低，则预缴税款数额与应纳税额的差额应当尽量增加。

法律法规依据

（1）《中华人民共和国企业所得税法》（2007 年 3 月 16 日第十届全国人民代表大会第五次会议通过，主席令第 63 号，自 2008 年 1 月 1 日起实施）第五十六条。

（2）《中华人民共和国企业所得税法实施条例》（国务院 2007 年 12 月 6 日颁布，国务院令第 512 号，自 2008 年 1 月 1 日起实施）第一百三十条。

税收筹划案例

某互联网金融公司每月都有大量的美元收入。该公司选择按月预缴企业所得税。该公司 2014 年度 1—5 月，每月美元收入分别为 2 000 万美元、1 500 万美元、1 500 万美元、1 000 万美元、1 000 万美元。假设每月最后一日美元的人民币汇率中间价分别为 7.523、7.491、7.461、7.431、7.411。请计算该公司每月美元收入应当预缴多少企业所得税并提出税收筹划方案。

该公司 1 月应当预缴企业所得税：2 000 ×7.523 ×25% =3 761.5（万元）；2 月应当预缴企业所得税：1 500 ×7.491 × 25% =2 809.1（万元）；3 月应当预缴企业所得税：1 500 ×7.461 ×25% =2 797.9（万元）；4 月应当预缴企业所得税：1 000 ×7.431 ×25% =1 857.8（万元）；5 月应当预缴企业所得税：1 000 ×7.411 ×25% =1 852.8（万元）；合计预缴企业所得税：3 761.5 +2 809.1 +2 797.9 +1 857.8 +1 852.8 =13 079.1（万元）。如果该公司能够预测到美元的人民币汇率中间价会持续降低，则可以适当调整取得收入所在月。例如，将 2014 年度 1—5 月的每月美元收入调整为 1 000 万美元、1 000 万美元、1 000 万美元、1 500 万美元、2 500 万美元，收入总额并未发生变化，只是改变了总收入在各月的分布情况。经过税收筹划，该公司 1 月应当预缴企业所得税：1 000 ×7.523 ×25% =1 880.8

(万元)；2 月应当预缴企业所得税：1 000 ×7.491 ×25% =1 872.8（万元)；3 月应当预缴企业所得税：1 000 ×7.461 ×25% =1 865.3（万元)；4 月应当预缴企业所得税：1 500 ×7.431 ×25% =2 786.6（万元)；5 月应当预缴企业所得税：2 500 ×7.411 ×25% =4 631.9（万元)；合计预缴企业所得税：1 880.8 +1 872.8 +1 865.3 +2 786.6 +4 631.9 =13 037.4（万元)。经过税收筹划，减轻税收负担：13 079.1 −13 037.4 =41.7（万元)。

3 将无法扣除的利息转化为其他支出进行税收筹划

税收筹划思路

《企业所得税法》第八条规定：“企业实际发生的与取得收入有关的、合理的支出，包括成本、费用、税金、损失和其他支出，准予在计算应纳税所得额时扣除。”这里将可以扣除的支出的条件设定为三个：第一，实际发生；第二，与经营活动有关；第三，合理。所谓实际发生，是指该笔支出已经发生，其所有权已经发生转移，企业对该笔支出不再享有所有权，本来应当发生，但是实际上并未发生的支出不能扣除。所谓与经营活动有关的，是指企业发生的支出费用必须与企业获得收入具有关系，也就是说，企业为了获得该收入必须进行该支出，该支出直接增加了企业获得该收入的机会和数额，这种有关是具体的，即与特定的收入相关，而且这里的收入还必须是应当计入应纳税所得额中的收入，仅仅与不征税收入相关的支出不能扣除。所谓合理的，一方面是指该支出本身是必要的，是正常的生产经营活动所必需的，而非可有可无，甚至不必要的；另一方面，该支出的数额是合理的，是符合正常生产经营活动惯例的，而不是过分的、不成比例的、明显超标的。

企业在生产经营活动中发生的下列利息支出，准予扣除。

（1）非金融企业向金融企业借款的利息支出、金融企业的各项存款利息支出和同业拆借利息支出、企业经批准发行债券的利息支出。

（2）非金融企业向非金融企业借款的利息支出，不超过按照金融企业同期同类贷款利率计算的数额的部分。

企业向股东或其他与企业有关联关系的自然人借款的利息支出，应根据《企业所得税法》第四十六条及《财政部　国家税务总局关于企业关联方利息支出税前扣除标准有关税收政策问题的通知》（财税〔2008〕121号）规定的条件，计算企业所得税扣除额。

企业向上述规定以外的内部职工或其他人员借款的利息支出，其借款情况同时符合以下条件的，其利息支出在不超过按照金融企业同期同类贷款利率计算的数额的部分，根据《企业所得税法》第八条和《企业所得税法实施条例》第二十七条规定，准予扣除。

（1）企业与个人之间的借贷是真实、合法、有效的，并且不具有非法集资目的或其他违反法律、法规的行为。

（2）企业与个人之间签订了借款合同。

当企业支付的利息超过允许扣除的数额时，企业可以将超额的利息转变为其他可以扣除的支出，例如，通过工资、奖金、劳务报酬或者转移利润的方式支付利息，从而降低所得税负担。在向自己单位员工借贷资金的情况下，企业可以将部分利息转换为向员工发放的工资支出，从而达到在计算应纳税所得额时予以全部扣除的目的。

法律法规依据

（1）《中华人民共和国企业所得税法》（2007年3月16日第十届全国人民代表大会第五次会议通过，主席令第63号，自2008年1月1日起实施）第八条。

（2）《中华人民共和国企业所得税法实施条例》（国务院2007年12月6日颁布，国务院令第512号，自2008年1月1日起实施）第三十八条。

（3）《财政部　国家税务总局关于企业关联方利息支出税前扣除标准有关税收政策问题的通知》（财政部　国家税务总局2008年9月23日发

布，财税〔2008〕121号）。

（4）《国家税务总局关于企业向自然人借款的利息支出企业所得税税前扣除问题的通知》（国家税务总局2009年12月31日发布，国税函〔2009〕777号）。

税收筹划案例

某互联网金融企业职工人数为1 000人，人均月工资为3 000元。该企业2014年度向职工集资人均10 000元，年利率为10%，同期同类银行贷款利率为年利率7%。当年度税前会计利润为300 000元（利息支出全部扣除）。由于《企业所得税法》规定，向非金融机构借款的利息支出，不高于按照金融机构同类、同期贷款利率计算的数额以内的部分，准予扣除。因此，超过的部分不能扣除，应当调整应税所得额：1 000×10 000×(10%−7%)=300 000(元)。该企业应当缴纳企业所得税：(300 000+300 000)×25%=150 000(元)。应当代扣代缴个人所得税：10 000×10%×20%×1 000=200 000(元)。请提出该企业的税收筹划方案。

如果进行税收筹划，可以考虑将集资利率降低到7%，这样，每位职工的利息损失为：10 000×(10%−7%)=300(元)。企业可以通过提高工资待遇的方式来弥补职工在利息上受到的损失，即将300元平均摊入一年的工资中，每月增加工资25元。这样，企业为本次集资所付出的利息与税收筹划前是一样的，职工所实际获得的利息也是一样的。但在这种情况下，企业所支付的集资利息就可以全额扣除了，而人均工资增加25元仍然可以在计算企业所得税时全额扣除。由于职工个人的月工资没有超过《个人所得税法》所规定的费用扣除标准（3 500元），因此，职工也不需要为此缴纳个人所得税。通过计算可以发现，企业所应当缴纳企业所得税：300 000×25%=75 000（元）。节约企业所得税：150 000−75 000=75 000（元）。另外，还可以减少企业代扣代缴的个人所得税：10 000×1 000×(10%−7%)×20%=60 000(元)。经过税收筹划，职工的税后利益也提高了。可谓一举两得，企业和职工都获得了税收利益。

4 利用固定资产加速折旧进行税收筹划

税收筹划思路

《企业所得税法》第十一条规定："在计算应纳税所得额时，企业按照规定计算的固定资产折旧，准予扣除。"固定资产，是指企业为生产产品、提供劳务、出租或者经营管理而持有的、使用时间超过一年的非货币性资产，包括房屋、建筑物、机器、机械、运输工具以及其他与生产经营活动有关的设备、器具、工具等。固定资产按照直线法计算的折旧，准予扣除。企业应当自固定资产投入使用月份的次月起计算折旧；停止使用的固定资产，应当自停止使用月份的次月起停止计算折旧。企业应当根据固定资产的性质和使用情况，合理确定固定资产的预计净残值。固定资产的预计净残值一经确定，不得变更。

除国务院财政、税务主管部门另有规定外，固定资产计算折旧的最低年限如下。

（1）房屋、建筑物，为 20 年。

（2）飞机、火车、轮船、机器、机械和其他生产设备，为 10 年。

（3）与生产经营活动有关的器具、工具、家具等，为 5 年。

（4）飞机、火车、轮船以外的运输工具，为 4 年。

（5）电子设备，为3年。

可以采取缩短折旧年限或者采取加速折旧方法的固定资产，包括：

（1）由于技术进步，产品更新换代较快的固定资产。

（2）常年处于强震动、高腐蚀状态的固定资产。

企业拥有并使用的固定资产符合上述规定的，可按以下情况分别处理。

（1）企业过去没有使用过与该项固定资产功能相同或类似的固定资产，但有充分的证据证明该固定资产的预计使用年限短于《企业所得税法实施条例》规定的计算折旧最低年限的，企业可根据该固定资产的预计使用年限和相关规定，对该固定资产采取缩短折旧年限或者加速折旧的方法。

（2）企业在原有固定资产未达到《企业所得税法实施条例》规定的最低折旧年限前，使用功能相同或类似的新固定资产替代旧固定资产的，企业可根据原有固定资产的实际使用年限和相关规定，对新替代的固定资产采取缩短折旧年限或者加速折旧的方法。

企业采取缩短折旧年限方法的，对其购置的新固定资产，最低折旧年限不得低于《企业所得税法实施条例》第六十条规定的折旧年限的60%；若为购置已使用过的固定资产，其最低折旧年限不得低于《企业所得税法实施条例》规定的最低折旧年限减去已使用年限后剩余年限的60%。最低折旧年限一经确定，一般不得变更。

企业拥有并使用符合上述规定条件的固定资产采取加速折旧方法的，可以采用双倍余额递减法或者年数总和法。加速折旧方法一经确定，一般不得变更。

双倍余额递减法，是指在不考虑固定资产预计净残值的情况下，根据每期期初固定资产原值减去累计折旧后的金额和双倍的直线法折旧率计算固定资产折旧的一种方法。应用这种方法计算折旧额时，由于每年年初固定资产净值没有减去预计净残值，所以在计算固定资产折旧额时，应在其折旧年限到期前的两年期间，将固定资产净值减去预计净残值后的余额平均摊销。计算公式如下：

年折旧率 = 2 ÷ 预计使用寿命（年）×100%

月折旧率 = 年折旧率 ÷ 12

月折旧额 = 月初固定资产账面净值 × 月折旧率

年数总和法，又称年限合计法，是指将固定资产的原值减去预计净残值后的余额，乘以一个以固定资产尚可使用寿命为分子、以预计使用寿命逐年数字之和为分母的逐年递减的分数计算每年的折旧额。计算公式如下：

年折旧率 = 尚可使用年限 ÷ 预计使用寿命的年数总和 ×100%

月折旧率 = 年折旧率 ÷ 12

月折旧额 =（固定资产原值 - 预计净残值）÷ 月折旧率

企业确需对固定资产采取缩短折旧年限或者加速折旧方法的，应在取得该固定资产后一个月内，向其企业所得税主管税务机关（以下简称"主管税务机关"）备案，并报送以下资料。

（1）固定资产的功能、预计使用年限短于《企业所得税法实施条例》规定计算折旧的最低年限的理由、证明资料及有关情况的说明。

（2）被替代的旧固定资产的功能、使用及处置等情况的说明。

（3）固定资产加速折旧拟采用的方法和折旧额的说明。

（4）主管税务机关要求报送的其他资料。

企业主管税务机关应在企业所得税年度纳税评估时，对企业采取加速折旧的固定资产的使用环境及状况进行实地核查。对不符合加速折旧规定条件的，主管税务机关有权要求企业停止该项固定资产加速折旧。

根据《财政部　国家税务总局关于完善固定资产加速折旧企业所得税政策的通知》（财税〔2014〕75号）的规定，对生物药品制造业，专用设备制造业，铁路、船舶、航空航天和其他运输设备制造业，计算机、通信和其他电子设备制造业，仪器仪表制造业，信息传输、软件和信息技术服务业6个行业的企业2014年1月1日后新购进的固定资产，可缩短折旧年限或采取加速折旧的方法。对上述6个行业的小型微利企业2014年1月1

日后新购进的研发和生产经营共用的仪器、设备，单位价值不超过 100 万元的，允许一次性计入当期成本费用在计算应纳税所得额时扣除，不再分年度计算折旧；单位价值超过 100 万元的，可缩短折旧年限或采取加速折旧的方法。对所有行业企业 2014 年 1 月 1 日后新购进的专门用于研发的仪器、设备，单位价值不超过 100 万元的，允许一次性计入当期成本费用在计算应纳税所得额时扣除，不再分年度计算折旧；单位价值超过 100 万元的，可缩短折旧年限或采取加速折旧的方法。对所有行业企业持有的单位价值不超过 5 000 元的固定资产，允许一次性计入当期成本费用在计算应纳税所得额时扣除，不再分年度计算折旧。企业按上述规定缩短折旧年限的，最低折旧年限不得低于《企业所得税法实施条例》第六十条规定折旧年限的 60%；采取加速折旧方法的，可采取双倍余额递减法或者年数总和法。上述规定之外的企业固定资产加速折旧所得税处理问题，继续按照《企业所得税法》及其实施条例和现行税收政策规定执行。

根据《国家税务总局关于固定资产加速折旧税收政策有关问题的公告》（国家税务总局公告 2014 年第 64 号）的规定，对生物药品制造业，专用设备制造业，铁路、船舶、航空航天和其他运输设备制造业，计算机、通信和其他电子设备制造业，仪器仪表制造业，信息传输、软件和信息技术服务业等行业（以下简称“六大行业”）企业，2014 年 1 月 1 日后购进的固定资产（包括自行建造），允许按不低于《企业所得税法》规定折旧年限的 60% 缩短折旧年限，或选择采取双倍余额递减法或年数总和法进行加速折旧。六大行业按照国家统计局《国民经济行业分类与代码（GB/4754－2011)》确定。今后国家有关部门更新国民经济行业分类与代码，从其规定。六大行业企业是指以上述行业业务为主营业务，其固定资产投入使用当年主营业务收入占企业收入总额 50%（不含）以上的企业。所称收入总额，是指《企业所得税法》第六条规定的收入总额。

企业在 2014 年 1 月 1 日后购进并专门用于研发活动的仪器、设备，单位价值不超过 100 万元的，可以一次性在计算应纳税所得额时扣除；单位价值超过 100 万元的，允许按不低于《企业所得税法》规定折旧年限的

60%缩短折旧年限，或选择采取双倍余额递减法或年数总和法进行加速折旧。用于研发活动的仪器、设备范围口径，按照《国家税务总局关于印发〈企业研究开发费用税前扣除管理办法（试行）〉的通知》（国税发〔2008〕116号）或《科学技术部 财政部 国家税务总局关于印发〈高新技术企业认定管理工作指引〉的通知》（国科发火〔2008〕362号）规定执行。企业专门用于研发活动的仪器、设备已享受上述优惠政策的，在享受研发费加计扣除时，按照《国家税务总局关于印发〈企业研发费用税前扣除管理办法（试行）〉的通知》（国税发〔2008〕116号）、《财政部 国家税务总局关于研究开发费用税前加计扣除有关政策问题的通知》（财税〔2013〕70号）的规定，就已经进行会计处理的折旧、费用等金额进行加计扣除。六大行业中的小型微利企业研发和生产经营共用的仪器、设备，可以执行上述规定。所称小型微利企业，是指《企业所得税法》第二十八条规定的小型微利企业。

企业持有的固定资产，单位价值不超过5 000元的，可以一次性在计算应纳税所得额时扣除。企业在2013年12月31日前持有的单位价值不超过5 000元的固定资产，其折余价值部分，2014年1月1日以后可以一次性在计算应纳税所得额时扣除。企业采取缩短折旧年限方法的，对其购置的新固定资产，最低折旧年限不得低于《企业所得税法实施条例》第六十条规定的折旧年限的60%；企业购置已使用过的固定资产，其最低折旧年限不得低于《企业所得税法实施条例》规定的最低折旧年限减去已使用年限后剩余年限的60%。最低折旧年限一经确定，一般不得变更。企业的固定资产采取加速折旧方法的，可以采用双倍余额递减法或者年数总和法。加速折旧方法一经确定，一般不得变更。所称双倍余额递减法或者年数总和法，按照《国家税务总局关于企业固定资产加速折旧所得税处理有关问题的通知》（国税发〔2009〕81号）第四条的规定执行。

企业的固定资产既符合《国家税务总局关于固定资产加速折旧税收政策有关问题的公告》优惠政策条件，同时又符合《国家税务总局关于企业固定资产加速折旧所得税处理有关问题的通知》（国税发〔2009〕81号）、

《财政部　国家税务总局关于进一步鼓励软件产业和集成电路产业发展企业所得税政策的通知》（财税〔2012〕27 号）中相关加速折旧政策条件的，可由企业选择其中最优惠的政策执行，且一经选择，不得改变。

企业固定资产采取一次性税前扣除、缩短折旧年限或加速折旧方法的，预缴申报时，须同时报送《固定资产加速折旧（扣除）预缴情况统计表》，年度申报时，实行事后备案管理，并按要求报送相关资料。企业应将购进固定资产的发票、记账凭证等有关凭证、凭据（购入已使用过的固定资产，应提供已使用年限的相关说明）等资料留存备查，并应建立台账，准确核算税法与会计差异情况。主管税务机关应对适用《国家税务总局关于固定资产加速折旧税收政策有关问题的公告》规定优惠政策的企业加强后续管理，对预缴申报时享受了优惠政策的企业，年终汇算清缴时应对企业全年主营业务收入占企业收入总额的比例进行重点审核。

无论采用哪种折旧提取方法，对于某一特定固定资产而言，企业所提取的折旧总额是相同的，同一固定资产所抵扣的应纳税所得额并由此所抵扣的企业所得税额也是相同的，所不同的只是企业在固定资产使用年限内每年所抵扣的应税所得额是不同的，由此导致每年所抵扣的所得税额也是不同的。在具备采取固定资产加速折旧条件的情况下，企业应当尽量选择固定资产的加速折旧，具体方法的选择可以根据企业实际情况在法律允许的三种方法中任选一种。

法律法规依据

（1）《中华人民共和国企业所得税法》（2007 年 3 月 16 日第十届全国人民代表大会第五次会议通过，主席令第 63 号，自 2008 年 1 月 1 日起实施）第十一条。

（2）《中华人民共和国企业所得税法实施条例》（国务院 2007 年 12 月 6 日颁布，国务院令第 512 号，自 2008 年 1 月 1 日起实施）第五十七条、第五十九条、第九十八条。

（3）《国家税务总局关于企业固定资产加速折旧所得税处理有关问题

的通知》（国家税务总局 2009 年 4 月 16 日发布，国税发〔2009〕81 号）。

（4）《财政部　国家税务总局关于完善固定资产加速折旧企业所得税政策的通知》（财政部　国家税务总局 2014 年 10 月 20 日发布，财税〔2014〕75 号）。

（5）《国家税务总局关于固定资产加速折旧税收政策有关问题的公告》（国家税务总局 2014 年 11 月 14 日发布，国家税务总局公告 2014 年第 64 号）。

税收筹划案例

某互联网金融企业新购进一台设备，原值为 400 000 元，预计残值率为 3%，经税务机关核定，该设备的折旧年限为 5 年。请比较各种不同折旧方法的异同，并提出税收筹划方案。

（1）直线法：

年折旧率 =（1 − 3%）÷ 5 = 19.4%

月折旧率 = 19.4% ÷ 12 = 1.617%

预计净残值 = 400 000 × 3% = 12 000（元）

每年折旧额 =（400 000 − 12 000）÷ 5 = 77 600（元）

或者 = 400 000 × 19.4% = 77 600（元）

（2）缩短折旧年限：

该设备最短的折旧年限为正常折旧年限的 60%，即 3 年。

年折旧率 =（1 − 3%）÷ 3 = 32.33%

月折旧率 = 32.33% ÷ 12 = 2.69%

预计净残值 = 400 000 × 3% = 12 000（元）

每年折旧额 =（400 000 − 12 000）÷ 3 = 129 333（元）

或者 = 400 000 ×（1 − 3%）÷ 3 = 129 333（元）

（3）双倍余额递减法：

年折旧率 =（2 ÷ 5）× 100% = 40%

采用双倍余额递减法，每年提取折旧额如表 2 − 1 所示。

表2-1 双倍余额递减法下每年提取折旧额

单位：元

年份	折旧率（%）	年折旧额	账面净值
第1年	40	160 000（即400 000×40%）	240 000
第2年	40	96 000（即240 000×40%）	144 000
第3年	40	57 600（即144 000×40%）	86 400
第4年	50	37 200（即74 400[①]×50%）	49 200
第5年	50	37 200（即74 400×50%）	12 000

注：①74 400=86 400-400 000×3%。

（4）年数总和法：

年折旧率=尚可使用年数÷预计使用年限的年数总和

采用年数总和法，每年提取折旧额如表2-2所示。

表2-2 年数总和法下每年提取折旧额

单位：元

年份	折旧率	年折旧额	账面净值
第1年	5/15	129 333（即388 000[①]×5/15）	270 667
第2年	4/15	103 467（即388 000×4/15）	167 200
第3年	3/15	77 600（即388 000×3/15）	89 600
第4年	2/15	51 733（即388 000×2/15）	37 867
第5年	1/15	25 867（即388 000×1/15）	12 000

注：①388 000=400 000×（1-3%）。

假设在提取折旧之前，企业每年的税前利润均为1 077 600元。企业所得税税率为25%。那么，采用不同方法计算出的折旧额和所得税额如表2-3所示。

表2-3 不同折旧方法的比较

单位：元

年份		第1年	第2年	第3年	第4年	第5年	合计
直线法	折旧额	77 600	77 600	77 600	77 600	77 600	388 000
	税前利润	1 000 000	1 000 000	1 000 000	1 000 000	1 000 000	5 000 000
	所得税额	250 000	250 000	250 000	250 000	250 000	1 250 000

续表

年份		第 1 年	第 2 年	第 3 年	第 4 年	第 5 年	合计
缩短折旧年限	折旧额	129 333	129 333	129 333	0	0	388 000
	税前利润	948 267	948 267	948 267	1 077 600	1 077 600	5 000 000
	所得税额	237 066.75	237 066.75	237 066.75	269 400	269 400	1 250 000
双倍余额递减法	折旧额	160 000	96 000	57 600	37 200	37 200	388 000
	税前利润	917 600	981 600	1 020 000	1 040 400	1 040 400	5 000 000
	所得税额	229 400	245 400	255 000	260 100	260 100	1 250 000
年数总和法	折旧额	129 333	103 467	77 600	51 733	25 867	388 000
	税前利润	948 267	974 133	1 000 000	1 025 867	1 051 733	5 000 000
	所得税额	237 066.75	243 533.25	250 000	256 466.75	262 933.25	1 250 000

由以上计算结果可以看出，无论采用哪种折旧提取方法，对于某一特定固定资产而言，企业所提取的折旧总额是相同的，同一固定资产所抵扣的应纳税所得额也是相同的，所不同的只是企业在固定资产使用年限内每年所抵扣的应税所得额是不同的，由此导致每年所抵减的所得税额也是不同的。具体到本案例，在第一年末，采用直线法、缩短折旧年限、双倍余额递减法和年数总和法提取折旧，所应当缴纳的企业所得税分别为250 000元、237 066.75 元、229 400 元、237 066.75 元，由此可见，采用双倍余额递减法提取折旧所获得的税收利益最大，其次是年数总和法和缩短折旧年限，最次的是直线法。

上述顺序是在一般情况下企业的最佳选择，但在某些特殊情况下，企业的选择也会不同。比如，如果本案例中的企业前两年免税，以后年度按25%的税率缴纳企业所得税。那么，采用直线法、缩短折旧年限、双倍余额递减法和年数总和法提取折旧，5 年总共所应当缴纳的所得税额分别为750 000 元、775 867 元、775 200 元、769 400 元，由此可见，最优的方法应当为直线法，其次为年数总和法，再次为双倍余额递减法，最次为缩短折旧年限。当然，这是从企业 5 年总共所应当缴纳的企业所得税的角度，也就是从企业所有者的角度而言的最优结果。从企业每年所缴纳的企业所得税角度，也就是从企业经营者的角度而言，则不一定是这样。因为就第

4 年而言，四种方法所应当缴纳的企业所得税额分别为 250 000 元、269 400元、260 100 元、256 466.75 元，可见，三种加速折旧的方法使得企业每年所缴纳的企业所得税都超过了采用非加速折旧方法所应缴纳的税收，但加速折旧也为企业经营者提供了一项秘密资金，即已经提足折旧的固定资产仍然在为企业服务，却没有另外挤占企业的资金。这些固定资产的存在为企业将来的经营亏损提供了弥补的途径，因此，即使在减免税期间，许多企业的经营者也愿意采用加速折旧的方法，是为了有一个较为宽松的财务环境。

5 利用国债利息免税政策进行税收筹划

税收筹划思路

根据现行的企业所得税政策，企业的下列收入为免税收入。

（1）国债利息收入。

（2）符合条件的居民企业之间的股息、红利等权益性投资收益。

（3）在中国境内设立机构、场所的非居民企业从居民企业取得与该机构、场所有实际联系的股息、红利等权益性投资收益。

（4）符合条件的非营利性组织的收入。

国债利息收入，是指企业持有国务院财政部门发行的国债取得的利息收入。

免税收入是不需要纳税的收入，因此，企业在条件许可的情况下应当尽可能多地获得免税收入。当然，获得免税收入都是需要一定条件的，企业只有满足税法所规定的条件才能享受免税待遇。例如，国债利息免税，当企业选择国债或者其他债券进行投资时，就应当将免税作为一个重要的因素予以考虑。再如，直接投资的股息所得免税，与此相关的是，企业的股权转让所得要纳税。因此，当企业进行股权转让时尽量将该股权所代表的未分配股息分配以后再转让。

法律法规依据

（1）《中华人民共和国企业所得税法》（2007 年 3 月 16 日第十届全国人民代表大会第五次会议通过，主席令第 63 号，自 2008 年 1 月 1 日起实施）第二十六条。

（2）《中华人民共和国企业所得税法实施条例》（国务院 2007 年 12 月 6 日颁布，国务院令第 512 号，自 2008 年 1 月 1 日起实施）第八十二条。

税收筹划案例

某互联网金融公司拥有 100 万元闲置资金，准备用于获得利息。假设五年期国债年利率为 5.41%，银行五年期定期存款年利率为 4.75%，向其他企业贷款五年期年利率为 8%。请为该公司进行税收筹划。

（1）如果购买国债，年利息为 5.41 万元（即 100 × 5.41%），税后利息为 5.41 万元。

（2）如果存入银行，年利息为 4.75 万元（即 100 × 4.75%），税后利息为 3.56 万元（即 4.75 − 4.75 × 25%）。

（3）如果借给企业，年利息为 8 万元（即 100 × 8%），营业税金及附加为 0.44 万元（即 8 × 5.5%），税后利息为 5.67 万元，即（8 − 0.44）×（1 − 25%）。

从税后利息来看，存入银行的利息最小，不足取，购买国债的利息高于储蓄利息但低于借给企业的利息，但由于购买国债风险较小，借给企业风险较大，该公司应当在充分考虑借给该企业的风险以后确定是否选择借给企业。

6 企业捐赠中的税收筹划

税收筹划思路

《企业所得税法》第九条规定："企业发生的公益性捐赠支出，在年度利润总额12%以内的部分，准予在计算应纳税所得额时扣除。"公益性捐赠，是指企业通过公益性社会团体或者县级以上人民政府及其部门，用于《公益事业捐赠法》规定的公益事业的捐赠。公益性社会团体，是指同时符合下列条件的基金会、慈善组织等社会团体。

（1）依法登记，具有法人资格。

（2）以发展公益事业为宗旨，且不以营利为目的。

（3）全部资产及其增值为该法人所有。

（4）收益和营运结余主要用于符合该法人设立目的的事业。

（5）终止后的剩余财产不归属任何个人或者营利性组织。

（6）不经营与其设立目的无关的业务。

（7）有健全的财务会计制度。

（8）捐赠者不以任何形式参与社会团体财产的分配。

（9）国务院财政、税务主管部门会同国务院民政部门等登记管理部门规定的其他条件。

在实务操作中，经民政部门批准成立的非营利的公益性社会团体和基金会，凡符合有关规定条件，并经财政税务部门确认后，纳税人通过其用于公益救济性的捐赠，可按现行税收法律法规及相关政策规定，准予在计算缴纳企业所得税时在所得税税前扣除。经国务院民政部门批准成立的非营利的公益性社会团体和基金会，其捐赠税前扣除资格由财政部和国家税务总局进行确认；经省级人民政府民政部门批准成立的非营利的公益性社会团体和基金会，其捐赠税前扣除资格由省级财税部门进行确认，并报财政部和国家税务总局备案。接受公益救济性捐赠的国家机关是指县及县以上人民政府及其组成部门。

申请捐赠税前扣除资格的非营利的公益性社会团体和基金会，须报送以下材料。

（1）要求捐赠税前扣除的申请报告。

（2）国务院民政部门或省级人民政府民政部门出具的批准登记（注册）文件。

（3）组织章程和近年来资金来源、使用情况。

具有捐赠税前扣除资格的非营利的公益性社会团体、基金会和县及县以上人民政府及其组成部门，必须将所接受的公益救济性捐赠用于税收法律法规规定的范围，即教育、民政等公益事业和遭受自然灾害地区、贫困地区。具有捐赠税前扣除资格的非营利的公益性社会团体、基金会和县及县以上人民政府及其组成部门在接受捐赠或办理转赠时，应按照财务隶属关系分别使用由中央或省级财政部门统一印（监）制的公益救济性捐赠票据，并加盖接受捐赠或转赠单位的财务专用印章；对个人索取捐赠票据，应予以开具。

纳税人在进行公益救济性捐赠税前扣除申报时，须附送以下资料。

（1）接受捐赠或办理转赠的非营利的公益性社会团体、基金会的捐赠税前扣除资格证明材料。

（2）由具有捐赠税前扣除资格的非营利的公益性社会团体、基金会和县及县以上人民政府及其组成部门出具的公益救济性捐赠票据。

（3）主管税务机关要求提供的其他资料。

企业和个人通过依照《社会团体登记管理条例》的规定无须进行社团登记的人民团体及经国务院批准免予登记的社会团体（以下统称“群众团体”）的公益性捐赠所得税税前扣除应当遵守以下规定。

企业通过公益性群众团体用于公益事业的捐赠支出，在年度利润总额12%以内的部分，准予在计算应纳税所得额时扣除。年度利润总额，是指企业依照国家统一会计制度的规定计算的大于零的数额。

个人通过公益性群众团体向公益事业的捐赠支出，按照现行税收法律、行政法规及相关政策规定准予在所得税税前扣除。

公益事业，是指《公益事业捐赠法》规定的下列事项：

（1）救助灾害、救济贫困、扶助残疾人等困难的社会群体和个人的活动；

（2）教育、科学、文化、卫生、体育事业；

（3）环境保护、社会公共设施建设；

（4）促进社会发展和进步的其他社会公共和福利事业。

公益性群众团体，是指同时符合以下条件的群众团体：

（1）符合《企业所得税法实施条例》第五十二条第（一）项至第（八）项规定的条件；

（2）县级以上各级机构编制部门直接管理其机构编制；

（3）对接受捐赠的收入及用捐赠收入进行的支出单独进行核算，且申请前连续3年接受捐赠的总收入中用于公益事业的支出比例不低于70%。

符合上述规定的公益性群众团体，可按程序申请公益性捐赠税前扣除资格。

（1）由中央机构编制部门直接管理其机构编制的群众团体，向财政部、国家税务总局提出申请；

（2）由县级以上地方各级机构编制部门直接管理其机构编制的群众团体，向省、自治区、直辖市和计划单列市财政、税务部门提出申请；

（3）对符合条件的公益性群众团体，按照上述管理权限，由财政部、国家税务总局和省、自治区、直辖市、计划单列市财政、税务部门分别每年联合公布名单。名单应当包括继续获得公益性捐赠税前扣除资格和新获得公益性捐赠税前扣除资格的群众团体，企业和个人在名单所属年度内向名单内的群众团体进行的公益性捐赠支出，可以按规定进行税前扣除。

申请公益性捐赠税前扣除资格的群众团体，需报送以下材料：

（1）申请报告；

（2）县级以上各级党委、政府或机构编制部门印发的“三定”规定；

（3）组织章程；

（4）申请前相应年度的受赠资金来源、使用情况，财务报告，公益活动的明细，注册会计师的审计报告或注册税务师的鉴证报告。

公益性群众团体在接受捐赠时，应按照行政管理级次分别使用由财政部或省、自治区、直辖市财政部门印制的公益性捐赠票据或者“非税收入一般缴款书”收据联，并加盖本单位的印章；对个人索取捐赠票据的，应予以开具。

公益性群众团体接受捐赠的资产价值，按以下原则确认：

（1）接受捐赠的货币性资产，应当按照实际收到的金额计算；

（2）接受捐赠的非货币性资产，应当以其公允价值计算。捐赠方在向公益性群众团体捐赠时，应当提供注明捐赠非货币性资产公允价值的证明。如果不能提供上述证明，公益性群众团体不得向其开具公益性捐赠票据或者“非税收入一般缴款书”收据联。

对存在以下情形之一的公益性群众团体，应取消其公益性捐赠税前扣除资格：

（1）前3年接受捐赠的总收入中用于公益事业的支出比例低于70%的；

（2）在申请公益性捐赠税前扣除资格时有弄虚作假行为的；

（3）存在逃避缴纳税款行为或为他人逃避缴纳税款提供便利的；

（4）存在违反该组织章程的活动，或者接受的捐赠款项用于组织章程规定用途之外的支出等情况的；

（5）受到行政处罚的。

被取消公益性捐赠税前扣除资格的公益性群众团体，存在上述第（2）项、第（3）项、第（4）项、第（5）项情形的，3 年内不得重新申请公益性捐赠税前扣除资格。

对存在上述第（3）项、第（4）项情形的公益性群众团体，应对其接受捐赠收入和其他各项收入依法补征企业所得税。

对于通过公益性群众团体发生的公益性捐赠支出，主管税务机关应对照财政、税务部门联合发布的名单，接受捐赠的群众团体位于名单内，则企业或个人在名单所属年度发生的公益性捐赠支出可按规定进行税前扣除；接受捐赠的群众团体不在名单内，或虽在名单内但企业或个人发生的公益性捐赠支出不属于名单所属年度的，不得扣除。

获得公益性捐赠税前扣除资格的公益性群众团体，应自不符合上述规定条件之一或存在上述规定情形之一之日起 15 日内向主管税务机关报告，主管税务机关可暂时明确其获得资格的次年内企业向该群众团体的公益性捐赠支出，不得税前扣除，同时提请财政部、国家税务总局或省级财政、税务部门明确其获得资格的次年不具有公益性捐赠税前扣除资格。

目前，经过财政部和国家税务总局认定的、有资格接受公益性捐赠的公益性社会团体包括中国青少年发展基金会、希望工程基金会、宋庆龄基金会、减灾委员会、中国红十字会、中国残疾人联合会、全国老年基金会、老区促进会、联合国儿童基金组织、中国青年志愿者协会、中国绿化基金会、中国之友研究基金会、光华科技基金会、中国文学艺术基金会、中国人口福利基金会、中国听力医学发展基金会、中华社会文化发展基金会、中国妇女发展基金会、中国癌症研究基金会、中国法律援助基金会、中华环境保护基金会、中国初级卫生保健基金会、中华国际科学交流基金会、阎宝航教育基金会、中华民族团结进步协会、中国金融教育发展基金会、中国国际民间组织合作促进会、中国社会工作协会孤残儿童救助基金管理委员会、中国发展研究基金会、陈嘉庚科学奖基金会、中国友好和平发展基金会、中华文学基金会、中华农业科教基金会、中国少年儿童文化艺术基金会、中国公安英烈基金会、中国医药卫生事业发展基金会、中国教育发展基金会、中国老龄事业发展基金会、中国华文教育基金会、中国关心下一代健康体育基金会、中国生物多样性保护基金会、中国儿童少年基金会、中国光彩事业基金会、中国经济改革研究基金会、香江社会救助基金会、中国高级检察官教育基金会、中国华侨经济文化基金会、中国少数民族文化艺术基金会、中国文物保护基金会、北京大学教育基金会、中国禁毒基金会、民政部紧急救援促进中心、中国国际问题研究和学术交流基金会、中国青少年社会教育基金会、中国职工发展基金会、中国西部人才开发基金会、中远慈善基金会、张学良基金会、周培源基金会、中国孔子基金会、中华思源工程扶贫基金会、中国交响乐发展基金会、中国肝炎防治基金会、中国电影基金会、中华环保联合会、中国社会工作协会、中国麻风防治协会、中国扶贫开发协会和中国国际战略研究基金会等。

纳税人进行捐赠时应当注意符合税法规定的要件，即应当通过特定的机构进行捐赠，而不能自行捐赠，应当用于公益性目的，而不能用于其他目的。通过符合税法要求的捐赠可以最大限度地降低企业的税收负担。如果企业在当年的捐赠达到了限额，则可以考虑在下一个纳税年度再进行捐赠，或者将一个捐赠分成两次或者多次进行。

法律法规依据

（1）《中华人民共和国企业所得税法》（2007 年 3 月 16 日第十届全国人民代表大会第五次会议通过，主席令第 63 号，自 2008 年 1 月 1 日起实施）第九条。

（2）《中华人民共和国企业所得税法实施条例》（国务院 2007 年 12 月 6 日颁布，国务院令第 512 号，自 2008 年 1 月 1 日起实施）第五十一条、第五十二条。

（3）《财政部　国家税务总局关于通过公益性群众团体的公益性捐赠税前扣除有关问题的通知》（财政部　国家税务总局 2009 年 12 月 8 日发布，财税〔2009〕124 号）。

税收筹划案例

某互联网金融企业2014年度预计可以实现利润总额1 000万元，企业所得税税率为25%。企业为提高其产品知名度及竞争力，树立良好的社会形象，决定向有关单位捐赠200万元。企业自身提出两种方案，第一种方案：进行非公益性捐赠或不通过我国境内非营利性社会团体、国家机关做公益性捐赠；第二种方案：通过我国境内非营利性社会团体、国家机关进行公益性捐赠，并且在当年全部捐赠。请对上述两套方案进行评析，并提出税收筹划方案。

第一种方案不符合税法规定的公益性捐赠条件，捐赠额不能在税前扣除，应进行纳税调整。该企业2014年度应当缴纳企业所得税：（1 000 + 200） ×25% =300（万元）。

第二种方案，捐赠额在法定扣除限额内的部分可以据实扣除，超过的部分不能扣除。企业应缴纳企业所得税：（1 000 +200 -1 000 ×12%） × 25% =270（万元）。

为了最大限度地将捐赠支出予以扣除，企业可以将该捐赠分两次进行，2014年底一次捐赠120万元，2015年再捐赠80万元。这样，该200万元的捐赠支出可以在计算应纳税所得额时予以全部扣除。该税收筹划方案比第二种方案少缴企业所得税：（200 -120）×25% =20（万元）。

7 利用利润转移进行税收筹划

税收筹划思路

根据《企业所得税法》第四条的规定，企业所得税的税率为25%。根据《企业所得税法》第二十八条的规定，符合条件的小型微利企业，减按20%的税率征收企业所得税。国家需要重点扶持的高新技术企业，减按15%的税率征收企业所得税。

对于既有适用25%税率也有适用20%税率或者15%税率的企业集团而言，可以适当将适用25%税率的企业的收入转移到适用20%税率或者15%税率的企业中，从而适当降低企业集团的所得税负担。

法律法规依据

（1）《中华人民共和国企业所得税法》（2007年3月16日第十届全国人民代表大会第五次会议通过，主席令第63号，自2008年1月1日起实施）第四条、第二十八条。

（2）《中华人民共和国企业所得税法实施条例》（国务院2007年12月6日颁布，国务院令第512号，自2008年1月1日起实施）。

税收筹划案例

某互联网金融企业集团下属甲、乙两个企业，其中，甲企业适用25%的企业所得税税率，乙企业属于需要国家扶持的高新技术企业，适用15%的企业所得税税率。2014纳税年度，甲企业的应纳税所得额为8 000万元，乙企业的应纳税所得额为9 000万元。请计算甲、乙两个企业以及该企业集团在2014纳税年度分别应当缴纳的企业所得税税款，并提出税收筹划方案。

甲企业2014纳税年度应当缴纳企业所得税：8 000×25% =2 000（万元）。乙企业2014纳税年度应当缴纳企业所得税：9 000×15% =1 350（万元）。该企业集团合计缴纳企业所得税：2 000+1 350=3 350（万元）。

由于甲企业的企业所得税税率高于乙企业的税率，因此可以考虑将甲企业的部分收入转移到乙企业。假设该企业集团通过税收筹划将甲企业的应纳税所得额降低为7 000万元，乙企业的应纳税所得额相应增加为1亿元，则甲企业2014纳税年度应当缴纳企业所得税：7 000×25% =1 750（万元），乙企业2014纳税年度应当缴纳企业所得税：10 000×15% =1 500（万元），该企业集团2014纳税年度合计缴纳企业所得税：1 750+1 500=3 250（万元）。由此可见，通过税收筹划，该企业集团可以少缴企业所得税：3 350－3 250=100（万元）。

8 利用亏损弥补进行税收筹划

税收筹划思路

根据《企业所得税法》第十八条的规定，企业纳税年度发生的亏损，准予向以后年度结转，用以后年度的所得弥补，但结转年限最长不得超过5年。弥补亏损期限，是指纳税人某一纳税年度发生亏损，准予用以后年度的应纳税所得弥补，一年弥补不足的，可以逐年连续弥补，弥补期最长不得超过5年，5年内不论是盈利还是亏损，都作为实际弥补年限计算。这一规定为纳税人进行税收筹划提供了空间，纳税人可以通过对本企业投资和收益的控制来充分利用亏损结转的规定，将能够弥补的亏损尽量用完。

这里面有两种方法可以采用：第一，如果某年度发生了亏损，企业应当尽量使得邻近的纳税年度获得较多的收益，也就是尽可能早地将亏损予以弥补；第二，如果企业已经没有需要弥补的亏损或者企业刚刚组建，而亏损在最近几年又是不可避免的，那么，应该尽量先安排企业亏损，然后再安排企业盈利。

需要注意的是，企业的年度亏损额，是指按照税法规定的方法计算出来的，而不能利用多算成本和多列工资、招待费、其他支出等手段虚报亏损。根据《国家税务总局关于企业虚报亏损如何处理的通知》（国税发〔1996〕162号）的规定，企业多报亏损会造成以后年度少缴所得税，与企业少申报应纳税所得额性质相同。税务机关在对申报亏损的企业进行纳税检查时，如发现企业多列扣除项目或少计应纳税所得，从而多申报亏损，可视同查出同等金额的应纳税所得。对此，除调减其亏损额外，税务机关可根据25%的法定税率，计算出相应的应纳所得税额，并视其情节，根据《税收征收管理法》的有关规定进行处理。因此，企业必须正确地计算申报亏损，才能通过税收筹划获得合法利益，否则，为了亏损结转而虚报亏损有可能导致触犯税法而受到法律的惩处。

法律法规依据

（1）《中华人民共和国企业所得税法》（2007年3月16日第十届全国人民代表大会第五次会议通过，主席令第63号，自2008年1月1日起实施）第十八条。

（2）《中华人民共和国企业所得税法实施条例》（国务院2007年12月6日颁布，国务院令第512号，自2008年1月1日起实施）。

（3）《国家税务总局关于企业虚报亏损如何处理的通知》（国家税务总局1996年9月17日发布，国税发〔1996〕162号）。

税收筹划案例一

某互联网金融企业2008—2014各纳税年度应纳税所得额分别为－100万元、10万元、10万元、20万元、30万元、10万元和60万元。请计算该企业2014年应当缴纳的企业所得税，并提出筹划方案。

根据税法关于亏损结转的规定，该企业2008年的100万元亏损，可分别用2009—2013年的10万元、10万元、20万元、30万元和10万元来弥补，由于2009—2013年的总计应纳税所得额为80万元，低于2008年度的亏损。这样，从2008年到2013年，该企业都不需要缴纳企业所得税。在

2014 年，该年度的应纳税所得额只能弥补 5 年以内的亏损（即 2009—2013 年），也就是说，不能弥补 2008 年的亏损。由于 2009 年以来该企业一直没有亏损，因此，2014 年应当缴纳企业所得税：60 ×25% =15（万元）。

从该企业各年度的应纳税所得额来看，该企业的生产经营一直是朝好的方向发展，2013 年度之所以应纳税所得额比较少，可能主要因为增加了投资，或者增加了各项费用的支出，或者进行了公益捐赠等。由于 2008 年度仍有未弥补完的亏损，因此，如果企业能够在 2013 年度进行税收筹划，压缩成本和支出，尽量增加企业的收入，将 2013 年度应纳税所得额提高到 30 万元，同时，2013 年度压缩的成本和支出可以在 2014 年度予以开支，这样，2013 年度的应纳税所得额为 30 万元，2014 年度的应纳税所得额为 40 万元。

根据税法亏损弥补的相关规定，该企业在 2013 年度的应纳税所得额可以用来弥补 2008 年度的亏损，而 2014 年度的应纳税所得额则要全部计算缴纳企业所得税。这样，该企业在 2014 年度应当缴纳企业所得税：40 × 25% =10（万元）。少缴企业所得税：15 - 10 =5（万元）。

税收筹划案例二

某互联网金融企业 2008—2014 年度应纳税所得额分别为 40 万元（以前年度没有需要弥补的亏损）、-40 万元、-30 万元、-20 万元、10 万元、20 万元、30 万元。请计算该企业 2008—2014 年度每年应当缴纳的企业所得税，并提出税收筹划方案。

该企业 2008 年度应纳税所得额为 40 万元，由于以前年度没有需要弥补的亏损，因此 2008 年度应纳企业所得税：40 × 25% = 10（万元）。2009—2011 年度亏损，不需要缴纳企业所得税。2012 年度应纳税所得额为 10 万元，弥补以前年度亏损后没有余额，不需要缴纳企业所得税。2013 年度应纳税所得额为 20 万元，此时，前 5 年尚有 80 万元亏损没有弥补，因此，2013 年度仍不需要缴纳企业所得税。2014 年度应纳税所得额为 30 万元，此时，前 5 年尚有 60 万元亏损没有弥补，因此，2014 年度也不需要缴纳企业所得税。

该企业2008—2014年度一共需要缴纳企业所得税：40×25%＝10（万元）。该企业的特征是先盈利后亏损，这种状况就会导致企业在以后年度的亏损不可能用以前年度的盈利来弥补。而企业能否盈利在很大程度上都是可以预测的，因此，如果企业已经预测到某些年度会发生无法避免的亏损，那么，就尽量将盈利放在亏损年度以后。本案例中该企业可以在2008年度多开支40万元，也就是将2009年度的部分开支提前进行，而将某些收入放在2009年度来实现。这样，该企业2008年度的应纳税所得额就变为0。2009年度由于减少了开支，增加了收入，总额为40万元，2009年度的应纳税所得额变为0。以后年度的生产经营状况不变。该企业在2010—2013年度同样不需要缴纳企业所得税，2014年度弥补亏损以后剩余10万元应纳税所得额，需要缴纳企业所得税：10×25%＝2.5（万元）。通过税收筹划，该企业少缴企业所得税：10－2.5＝7.5（万元）。

第3章

互联网金融企业投资决策税收筹划与案例分析

1 利用低税率优惠政策进行税收筹划

税收筹划思路

根据我国现行的企业所得税政策，符合条件的小型微利企业，减按20%的税率征收企业所得税。自2010年1月1日至2011年12月31日，对年应纳税所得额低于3万元（含3万元）的小型微利企业，其所得减按50%计入应纳税所得额，按20%的税率缴纳企业所得税。自2012年1月1日至2013年12月31日，对年应纳税所得额低于6万元（含6万元）的小型微利企业，其所得减按50%计入应纳税所得额，按20%的税率缴纳企业所得税。自2014年1月1日至2016年12月31日，对年应纳税所得额低于10万元（含10万元）的小型微利企业，其所得减按50%计入应纳税所得额，按20%的税率缴纳企业所得税。

符合条件的小型微利企业，是指从事国家非限制和禁止行业，并符合下列条件的企业。

（1）工业企业，年度应纳税所得额不超过30万元，从业人数不超过100人，资产总额不超过3 000万元。

（2）其他企业，年度应纳税所得额不超过30万元，从业人数不超过80人，资产总额不超过1 000万元。

符合规定条件的小型微利企业（包括采取查账征收和核定征收方式的企业），均可按照规定享受小型微利企业所得税优惠政策。

符合规定条件的小型微利企业，在预缴和年度汇算清缴企业所得税时，可以按照规定自行享受小型微利企业所得税优惠政策，无须税务机关审核批准，但在报送年度企业所得税纳税申报表时，应同时将企业从业人员、资产总额情况报税务机关备案。

小型微利企业预缴企业所得税时，按以下规定执行。

（1）查账征收的小型微利企业，上一纳税年度符合小型微利企业条件，且年度应纳税所得额低于10万元（含10万元）的，本年度采取按实际利润额预缴企业所得税款，预缴时累计实际利润额不超过10万元的，可以享受小型微利企业所得税优惠政策；超过10万元的，应停止享受其中的减半征税政策；本年度采取按上年度应纳税所得额的季度（或月份）平均额预缴企业所得税的，可以享受小型微利企业优惠政策。

（2）定率征税的小型微利企业，上一纳税年度符合小型微利企业条件，且年度应纳税所得额低于10万元（含10万元）的，本年度预缴企业所得税时，累计应纳税所得额不超过10万元的，可以享受优惠政策；超过10万元的，不享受其中的减半征税政策。定额征税的小型微利企业，由当地主管税务机关相应调整定额后，按照原办法征收。

（3）本年度新办的小型微利企业，在预缴企业所得税时，凡累计实际利润额或应纳税所得额不超过10万元的，可以享受优惠政策；超过10万元的，应停止享受其中的减半征税政策。

小型微利企业符合享受优惠政策条件，但预缴时未享受的，在年度汇算清缴时统一计算享受。小型微利企业在预缴时享受了优惠政策，但年度汇算清缴时超过规定标准的，应按规定补缴税款。

小型微利企业条件中，“从业人数”按企业全年平均从业人数计算，“资产总额”按企业年初和年末的资产总额平均计算。

国家需要重点扶持的高新技术企业，减按15%的税率征收企业所得税。国家需要重点扶持的高新技术企业，是指拥有核心自主知识产权，并同时符合下列条件的企业。

（1）产品（服务）属于《国家重点支持的高新技术领域》规定的范围。

（2）研究开发费用占销售收入的比例不低于规定比例。

（3）高新技术产品（服务）收入占企业总收入的比例不低于规定比例。

（4）科技人员占企业职工总数的比例不低于规定比例。

（5）高新技术企业认定管理办法规定的其他条件。

根据《高新技术企业认定管理办法》（国科发火〔2008〕172号）的规定，高新技术企业认定须同时满足以下条件：

（1）在中国境内（不含港、澳、台地区）注册的企业，近三年内通过自主研发、受让、受赠、并购等方式，或通过5年以上的独占许可方式，对其主要产品（服务）的核心技术拥有自主知识产权。

（2）产品（服务）属于《国家重点支持的高新技术领域》规定的范围。

（3）具有大学专科以上学历的科技人员占企业当年职工总数的30%以上，其中研发人员占企业当年职工总数的10%以上。

（4）企业为获得科学技术（不包括人文、社会科学）新知识，创造性运用科学技术新知识，或实质性改进技术、产品（服务）而持续进行了研究开发活动，且近三个会计年度的研究开发费用总额占销售收入总额的比例符合如下要求：最近一年销售收入小于5 000万元的企业，比例不低于6%；最近一年销售收入在5 000万元至20 000万元的企业，比例不低于4%；最近一年销售收入在20 000万元以上的企业，比例不低于3%。其中，企业在中国境内发生的研究开发费用总额占全部研究开发费用总额的比例不低于60%。企业注册成立时间不足三年的，按实际经营年限计算。

（5）高新技术产品（服务）收入占企业当年总收入的60%以上。

（6）企业研究开发组织管理水平、科技成果转化能力、自主知识产权数量、销售与总资产成长性等指标符合《高新技术企业认定管理工作指引》的要求。

利用小型微利企业以及高科技企业的低税率优惠是进行税收筹划的重要方法。由于享受上述低税率优惠政策都有严格的条件限制，例如，小型微利企业的规模比较小，不是所有的企业都能够享受，高科技企业的条件限制也非常严格，大部分企业都很难将自身改造成高科技企业，通过税收筹划可以在一定程度上解决上述难题。企业可以通过设立子公司或者将部分分支机构转变为子公司来享受小型微利企业的低税率优惠。如果企业自身难以改造成高科技企业，可以考虑重新设立一个属于高科技企业的子公司或者将某一分支机构改造成高科技企业。

法律法规依据

（1）《中华人民共和国企业所得税法》（2007 年 3 月 16 日第十届全国人民代表大会第五次会议通过，主席令第 63 号，自 2008 年 1 月 1 日起实施）第二十八条。

（2）《中华人民共和国企业所得税法实施条例》（国务院 2007 年 12 月 6 日颁布，国务院令第 512 号，自 2008 年 1 月 1 日起实施）第九十二条。

（3）《财政部　国家税务总局关于小型微利企业有关企业所得税政策的通知》（财政部　国家税务总局 2009 年 12 月 2 日发布，财税〔2009〕133 号）。

（4）《国家税务总局关于小型微利企业所得税预缴问题的通知》（国税函〔2008〕251 号）。

（5）《高新技术企业认定管理办法》（国科发火〔2008〕172 号）。

（6）《财政部　国家税务总局关于执行企业所得税优惠政策若干问题的通知》（财税〔2009〕69 号）。

（7）《财政部　国家税务总局关于继续实施小型微利企业所得税优惠政策的通知》（财税〔2011〕4 号）。

（8）《财政部　国家税务总局关于小型微利企业所得税优惠政策有关问题的通知》（财税〔2011〕117 号）。

(9)《国家税务总局关于小型微利企业预缴企业所得税有关问题的公告》(国家税务总局公告2012年第14号)。

(10)《财政部 国家税务总局关于小型微利企业所得税优惠政策有关问题的通知》(财税〔2014〕34号)。

(11)《国家税务总局关于扩大小型微利企业减半征收企业所得税范围有关问题的公告》(国家税务总局公告2014年第23号)。

税收筹划案例

某互联网金融公司在外地设立一分公司,该分公司每年应纳税所得额为10万元。由于分公司没有独立法人资格,需要与总公司合并纳税。假设该互联网金融公司三年全部盈利。该分公司每年需要缴纳企业所得税:10×25%=2.5(万元)。请针对此情况提出税收筹划方案。

假设该公司在设立分支机构之前进行了税收筹划,认为该分支机构符合《企业所得税法》小型微利企业的标准,因此,设立了子公司。由于小型子公司和分公司形式的差异对于生产经营活动不会产生较大影响,因此我们假设该子公司每年盈利水平与分公司相似,这样,子公司每年所缴纳的企业所得税额为:10×50%×20%=1(万元)。通过税收筹划每年节约税款:2.5-1=1.5(万元)。如果该互联网金融企业设立10家类似公司,每年可以节税15万元。

2 个人投资企业转为公司投资企业

税收筹划思路

根据现行个人所得税政策，个人从投资公司获得的股息要缴纳20%的个人所得税。根据现行企业所得税政策，企业从其投资的公司中获得的股息不需要纳税。如果个人投资者从公司取得的股息仍然用于投资，则可以考虑以公司持股的方式来减轻税收负担。成立公司以后可以将各类股息汇总到该公司，由于此时公司并不需要缴纳企业所得税，该公司就可以将免税所得用于各项投资。而如果由个人取得该股息，则应当首先缴纳20%的个人所得税，税后利润才能用于投资，这样就大大增加了投资的税收成本。

法律法规依据

（1）《中华人民共和国企业所得税法》（2007年3月16日第十届全国人民代表大会第五次会议通过，主席令第63号，自2008年1月1日起实施）。

（2）《中华人民共和国企业所得税法实施条例》（国务院2007年12月6日颁布，国务院令第512号，自2008年1月1日起实施）。

（3）《中华人民共和国个人所得税法》（1980年9月10日第五届全国人民代表大会第三次会议通过，2011年6月30日第十一届全国人民代表大会常务委员会第二十一次会议第六次修正）。

（4）《中华人民共和国个人所得税法实施条例》（1994年1月28日中华人民共和国国务院令第142号发布，根据2011年7月19日《国务院关于修改〈中华人民共和国个人所得税法实施条例〉的决定》第三次修订）。

税收筹划案例

李先生拥有互联网金融企业甲公司40%的股份，每年可以从该公司获得500万元的股息，根据我国现行个人所得税制度，李先生每年需要缴纳100万元的个人所得税。李先生所获得的股息全部用于股票投资或者直接投资于其他企业。李先生应当如何进行税收筹划?

李先生可以用该股权以及部分现金投资设立一家一人有限责任公司乙，由乙公司持有甲公司40%的股权，这样，乙公司每年从甲公司获得的500万元股息就不需要缴纳企业所得税。李先生原定的用股息投资于股票或者其他的投资计划可以由乙公司来进行，乙公司投资于其他企业所获得的股息同样不需要缴纳企业所得税，这样就免除了李先生每次获得股息所得所应当承担的个人所得税纳税义务。

3

分公司与子公司灵活转化以充分利用税收优惠政策

税收筹划思路

根据我国现行的企业所得税政策，符合条件的小型微利企业，减按20%的税率征收企业所得税。自2014年1月1日至2016年12月31日，对年应纳税所得额低于10万元（含10万元）的小型微利企业，其所得减按50%计入应纳税所得额，按20%的税率缴纳企业所得税。

根据现行企业所得税政策，企业的下列所得，可以免征、减征企业所得税：（1）从事农、林、牧、渔业项目的所得；（2）从事国家重点扶持的公共基础设施项目投资经营的所得；（3）从事符合条件的环境保护、节能节水项目的所得；（4）符合条件的技术转让所得；（5）《企业所得税法》第三条第三款规定的所得。

国家重点扶持的公共基础设施项目，是指《公共基础设施项目企业所得税优惠目录》规定的港口码头、机场、铁路、公路、城市公共交通、电力、水利等项目。企业从事国家重点扶持的公共基础设施项目的投资经营的所得，自项目取得第一笔生产经营收入所属纳税年度起，第一年至第三年免征企业所得税，第四年至第六年减半征收企业所得税。

符合条件的环境保护、节能节水项目，包括公共污水处理、公共垃圾处理、沼气综合开发利用、节能减排技术改造、海水淡化等。企业从事符合条件的环境保护、节能节水项目的所得，自项目取得第一笔生产经营收入所属纳税年度起，第一年至第三年免征企业所得税，第四年至第六年减半征收企业所得税。

符合条件的技术转让所得免征、减征企业所得税，是指一个纳税年度内，居民企业技术转让所得不超过 500 万元的部分，免征企业所得税；超过 500 万元的部分，减半征收企业所得税。

企业在投资以及生产经营过程中应当充分利用上述减免税优惠政策，这是一种重要的税收筹划手段。在利用上述税收优惠政策的过程中也应当进行税收筹划，例如，对于享受定期减免税优惠的企业而言，应当尽量增加享受减免税期间的所得，而减少正常纳税期间的所得。从支出的角度而言，企业在享受减免税期间应当尽量减少开支，而在正常纳税期间则应当尽量增加开支。

法律法规依据

（1）《中华人民共和国企业所得税法》（2007 年 3 月 16 日第十届全国人民代表大会第五次会议通过，主席令第 63 号，自 2008 年 1 月 1 日起实施）第二十八条。

（2）《中华人民共和国企业所得税法实施条例》（国务院 2007 年 12 月 6 日颁布，国务院令第 512 号，自 2008 年 1 月 1 日起实施）第九十二条。

（3）《财政部　国家税务总局关于小型微利企业有关企业所得税政策的通知》（财政部　国家税务总局 2009 年 12 月 2 日发布，财税〔2009〕133 号）。

（4）《国家税务总局关于小型微利企业所得税预缴问题的通知》（国税函〔2008〕251 号）。

（5）《财政部　国家税务总局关于继续实施小型微利企业所得税优惠政策的通知》（财税〔2011〕4 号）。

（6）《财政部　国家税务总局关于小型微利企业所得税优惠政策有关

问题的通知》（财税〔2011〕117 号）。

（7）《国家税务总局关于小型微利企业预缴企业所得税有关问题的公告》（国家税务总局公告 2012 年第 14 号）。

税收筹划案例

某互联网金融公司投资 1 000 万元，设立一子公司。该子公司从事符合条件的环境保护、节能节水项目，可以享受自项目取得第一笔生产经营收入的纳税年度起，第一年至第三年免征企业所得税，第四年至第六年减半征收企业所得税的税收优惠待遇。由于设立初期需要大量投资和研究开发费用，该子公司第一年亏损 500 万元，第二年亏损 200 万元，第三年亏损 100 万元，第四年盈利 200 万元，第五年盈利 400 万元，第六年盈利 600 万元。《企业所得税法》第十八条规定："企业纳税年度发生的亏损，准予向以后年度结转，用以后年度的所得弥补，但结转年限最长不得超过五年。"因此，该公司前三年发生的亏损可以在五年内予以弥补。弥补亏损后，该子公司第四年、第五年应纳税所得额均为 0，第六年应纳税所得额为 400 万元。由于该子公司可以享受减半征税的优惠，因此，该企业六年应纳企业所得税额：400 × 25% × 50% = 50（万元）。请针对该公司情况提出税收筹划方案。

假设该公司在设立分支机构之前进行税收筹划，预计到分支机构在设立前几年会发生较大亏损，而企业在第四年以后则有可能开始盈利，该公司就可以先设立分公司。设立分公司的费用相对设立子公司还要低一些。无论是设立子公司，还是设立分公司，企业在设立初期所需要的投资和开发费用是大体相当的，在生产经营方面也不会有大的差异。因此，我们可以假设，该分公司前三年的状况与上述子公司的状况一致，即分别亏损 500 万元、200 万元和 100 万元，但从第四年起，该公司将这一分公司组建为子公司，组建过程中会发生一些费用，但费用远远低于新设立一家子公司的费用。由于这一分支机构在生产、经营等方面都是连续的，只是在性质上发生了变更，因此，可以假设这一变更不会对这一分支机构的生产经营构成较大影响，那么，这一子公司前三年的盈利状况大约就分别为200万元、400万元和600万元。通过这一税收筹划，我们可以计算该分支机构所实际负担的企业所得税额。前三年，该分支机构是分公司，其亏损可以抵免总公司的应纳税所得，我们假设总公司的盈利远远高于分公司的亏损，那么，三年期间，分支机构为总公司节约企业所得税额：（500+200+100）×25%=200（万元）。后三年，由于前三年的所得可以免征企业所得税，因此，该子公司应纳企业所得税额为0。如果把分支机构和总公司视为一个整体的话，后一种方案比前一种方案为企业整体节约所得税额：200+50=250（万元）。

4 利用个人接受捐赠免税政策进行税收筹划

税收筹划思路

根据我国现行的个人所得税政策，个人接受捐赠的财产不需要缴纳个人所得税。根据我国现行的企业所得税政策，企业接受捐赠的财产也要缴纳企业所得税。企业以货币形式和非货币形式从各种来源取得的收入，为收入总额，其中包括接受捐赠收入。接受捐赠收入，是指企业接受的来自其他企业、组织或者个人无偿给予的货币性资产、非货币性资产。接受捐赠收入，按照实际收到捐赠资产的日期确认收入的实现。

因此，某主体如果向企业捐赠，则接受捐赠的企业需要缴纳企业所得税，如果捐赠人向企业的股东个人捐赠，则股东个人不需要缴纳个人所得税。股东再将该捐赠款或者捐赠物出资到该企业中，相当于捐赠人直接向企业捐赠。

通过这种方式进行税收筹划需要注意的是，目前个人进行房屋赠予，如果赠予人和受赠人之间不具有法律规定的特定关系，即配偶、父母、子女、祖父母、外祖父母、孙子女、外孙子女、兄弟姐妹以及承担直接抚养或者赡养义务的抚养人或者赡养人，受赠人需要缴纳个人所得税。

法律法规依据

（1）《中华人民共和国企业所得税法》（2007年3月16日第十届全国人民代表大会第五次会议通过，主席令第63号，自2008年1月1日起实施）第六条。

（2）《中华人民共和国企业所得税法实施条例》（国务院2007年12月6日颁布，国务院令第512号，自2008年1月1日起实施）第二十一条。

（3）《中华人民共和国个人所得税法》（1980年9月10日第五届全国人民代表大会第三次会议通过，2011年6月30日第十一届全国人民代表大会常务委员会第二十一次会议第六次修正）。

税收筹划案例

赵先生生前立了一份遗嘱，将500万元在死亡以后赠予某互联网金融企业甲公司，甲公司是有限责任公司，有三位股东。赵先生如何进行税收筹划可以避免缴纳所得税？

根据《企业所得税法》的规定，甲公司需要缴纳25%的企业所得税，即500×25%＝125（万元）。根据《个人所得税法》的规定，个人向个人捐赠现金是不需要缴纳个人所得税的。因此，赵先生可以修改遗嘱，将500万元赠予甲公司的三位股东，同时要求该股东将该500万元作为出资增加甲公司的注册资本，这样，该500万元同样可以转移到甲公司的名下，但在整个过程中都不需要缴纳所得税。

5 股权转让中的税收筹划

税收筹划思路

根据《企业所得税法》的规定，企业对外投资期间，投资资产的成本在计算应纳税所得额时不得扣除。投资资产，是指企业对外进行权益性投资和债权性投资形成的资产。企业在转让或者处置投资资产时，投资资产的成本，准予扣除。投资资产按照以下方法确定成本：

（1）通过支付现金方式取得的投资资产，以购买价款为成本；

（2）通过支付现金以外的方式取得的投资资产，以该资产的公允价值和支付的相关税费为成本。

企业转让资产，该项资产的净值，准予在计算应纳税所得额时扣除。资产的净值，是指有关资产、财产的计税基础减除已经按照规定扣除的折旧、折耗、摊销、准备金等后的余额。

根据《企业所得税法》的规定，符合条件的居民企业之间的股息、红利等权益性投资收益是免税收入。符合条件的居民企业之间的股息、红利等权益性投资收益，是指居民企业直接投资于其他居民企业取得的投资收益。上述股息、红利等权益性投资收益，不包括连续持有居民企业公开发行并上市流通的股票不足12个月取得的投资收益。

《国家税务总局关于贯彻落实企业所得税法若干税收问题的通知》（国税函〔2010〕79号）规定：企业转让股权收入，应于转让协议生效且完成股权变更手续时，确认收入的实现。转让股权收入扣除为取得该股权所发生的成本后，为股权转让所得。企业在计算股权转让所得时，不得扣除被投资企业未分配利润等股东留存收益中按该项股权所可能分配的金额。

如果企业准备转让股权，而该股权中尚有大量没有分配的利润，此时，就可以通过先分配股息再转让股权的方式来降低转让股权的价格，从而降低股权转让所得，减轻所得税负担。

法律法规依据

（1）《中华人民共和国企业所得税法》（2007年3月16日第十届全国人民代表大会第五次会议通过，主席令第63号，自2008年1月1日起实施）第十四条、第十六条、第二十六条。

（2）《中华人民共和国企业所得税法实施条例》（国务院2007年12月6日颁布，国务院令第512号，自2008年1月1日起实施）第三十八条。

（3）《国家税务总局关于贯彻落实企业所得税法若干税收问题的通知》（国税函〔2010〕79号）。

税收筹划案例

甲互联网金融公司于2013年3月15日以银行存款1 000万元投资于乙公司，占乙公司（非上市公司）股本总额的70%，乙公司当年获得净利润500万元。乙公司保留盈余不分配。2014年9月，甲公司将其拥有的乙公司70%的股权全部转让给丙公司，转让价为人民币1 210万元。转让过程中发生的税费为0.7万元。甲公司应当如何进行税收筹划？

如果甲公司直接转让该股权，可以获得股权转让所得：1 210 - 1 000 - 0.7 = 209.3（万元）。应当缴纳企业所得税为：209.3 × 25% = 52.325（万元）。净利润为：209.3 - 52.325 = 156.975（万元）。

如果甲公司先获得分配的利润，然后再转让股权，则可以减轻税收负担。方案如下：2014 年 3 月，董事会决定将税后利润的 30% 用于分配，甲公司分得利润 105 万元。2014 年 9 月，甲公司将其拥有的乙公司 70% 的股权全部转让给丙公司，转让价为人民币 1 100 万元。转让过程中发生的税费为 0.6 万元。在这种方案下，甲公司获得的 105 万元股息不需要缴纳企业所得税。甲公司获得的股权转让所得为：1 100 − 1 000 − 0.6 = 99.4（万元）。应当缴纳企业所得税为：99.4 × 25% = 24.85（万元）。净利润为：105 + 99.4 − 24.85 = 179.55（万元）。通过税收筹划，多获得净利润：179.55 − 156.975 = 22.575（万元）。丙公司未来将少取得股息 105 万元，但转让价款降低了 110 万元，丙公司获益 5 万元。

6 兼并亏损企业的税收筹划

税收筹划思路

根据《财政部 国家税务总局关于企业资产损失税前扣除政策的通知》（财税〔2009〕57号）的规定，资产损失，是指企业在生产经营活动中实际发生的、与取得应税收入有关的资产损失，包括现金损失，存款损失，坏账损失，贷款损失，股权投资损失，固定资产和存货的盘亏、毁损、报废、被盗损失，自然灾害等不可抗力因素造成的损失以及其他损失。

企业清查出的现金短缺减除责任人赔偿后的余额，作为现金损失在计算应纳税所得额时扣除。

企业将货币性资金存入法定具有吸收存款职能的机构，因该机构依法破产、清算，或者政府责令停业、关闭等原因，确实不能收回的部分，作为存款损失在计算应纳税所得额时扣除。

企业除贷款类债权外的应收、预付账款符合下列条件之一的，减除可收回金额后确认的无法收回的应收、预付款项，可以作为坏账损失在计算应纳税所得额时扣除。①债务人依法宣告破产、关闭、解散、被撤销，或者被依法注销、吊销营业执照，其清算财产不足清偿的。②债务人死亡，或者依法被宣告失踪、死亡，其财产或者遗产不足清偿的。③债务人逾期

3年以上未清偿，且有确凿证据证明已无力清偿债务的。④与债务人达成债务重组协议或法院批准破产重整计划后，无法追偿的。⑤因自然灾害、战争等不可抗力导致无法收回的。⑥国务院财政、税务主管部门规定的其他条件。

企业经采取所有可能的措施和实施必要的程序之后，符合下列条件之一的贷款类债权，可以作为贷款损失在计算应纳税所得额时扣除：①借款人和担保人依法宣告破产、关闭、解散、被撤销，并终止法人资格，或者已完全停止经营活动，被依法注销、吊销营业执照，对借款人和担保人进行追偿后，未能收回的债权；②借款人死亡，或者依法被宣告失踪、死亡，依法对其财产或者遗产进行清偿，并对担保人进行追偿后，未能收回的债权；③借款人遭受重大自然灾害或者意外事故，损失巨大且不能获得保险补偿，或者以保险赔偿后，确实无力偿还部分或者全部债务，对借款人财产进行清偿和对担保人进行追偿后，未能收回的债权；④借款人触犯刑律，依法受到制裁，其财产不足归还所借债务，又无其他债务承担者，经追偿后确实无法收回的债权；⑤由于借款人和担保人不能偿还到期债务，企业诉诸法律，经法院对借款人和担保人强制执行，借款人和担保人均无财产可执行，法院裁定执行程序终结或终止（中止）后，仍无法收回的债权；⑥由于借款人和担保人不能偿还到期债务，企业诉诸法律后，经法院调解或经债权人会议通过，与借款人和担保人达成和解协议或重整协议，在借款人和担保人履行完还款义务后，无法追偿的剩余债权；⑦由于上述①~⑥项原因借款人不能偿还到期债务，企业依法取得抵债资产，抵债金额小于贷款本息的差额，经追偿后仍无法收回的债权；⑧开立信用证、办理承兑汇票、开具保函等发生垫款时，凡开证申请人和保证人由于上述①~⑦项原因，无法偿还垫款，金融企业经追偿后仍无法收回的垫款；⑨银行卡持卡人和担保人由于上述①~⑦项原因，未能还清透支款项，金融企业经追偿后仍无法收回的透支款项；⑩助学贷款逾期后，在金融企业确定的有效追索期限内，依法处置助学贷款抵押物（质押物），并向担保人追索连带责任后，仍无法收回的贷款；⑪经国务院专案批准核销的贷款类债权；⑫国务院财政、税务主管部门规定的其他条件。

企业的股权投资符合下列条件之一的，减除可收回金额后确认的无法收回的股权投资，可以作为股权投资损失在计算应纳税所得额时扣除：①被投资方依法宣告破产、关闭、解散、被撤销，或者被依法注销、吊销营业执照的；②被投资方财务状况严重恶化，累计发生巨额亏损，已连续停止经营3年以上，且无重新恢复经营改组计划的；③对被投资方不具有控制权，投资期限届满或者投资期限已超过10年，且被投资单位因连续3年经营亏损导致资不抵债的；④被投资方财务状况严重恶化，累计发生巨额亏损，已完成清算或清算期超过3年以上的；⑤国务院财政、税务主管部门规定的其他条件。

对企业盘亏的固定资产或存货，以该固定资产的账面净值或存货的成本减除责任人赔偿后的余额，作为固定资产或存货盘亏损失在计算应纳税所得额时扣除。

对企业毁损、报废的固定资产或存货，以该固定资产的账面净值或存货的成本减除残值、保险赔款和责任人赔偿后的余额，作为固定资产或存货毁损、报废损失在计算应纳税所得额时扣除。

对企业被盗的固定资产或存货，以该固定资产的账面净值或存货的成本减除保险赔款和责任人赔偿后的余额，作为固定资产或存货被盗损失在计算应纳税所得额时扣除。

企业因存货盘亏、毁损、报废、被盗等原因不得从增值税销项税额中抵扣的进项税额，可以与存货损失一起在计算应纳税所得额时扣除。

企业在计算应纳税所得额时已经扣除的资产损失，在以后纳税年度全部或者部分收回时，其收回部分应当作为收入计入收回当期的应纳税所得额。

企业境内、境外营业机构发生的资产损失应分开核算，对境外营业机构由于发生资产损失而产生的亏损，不得在计算境内应纳税所得额时扣除。

企业对其扣除的各项资产损失，应当提供能够证明资产损失确属已实际发生的合法证据，包括具有法律效力的外部证据、具有法定资质的中介机构的经济鉴证证明、具有法定资质的专业机构的技术鉴定证明等。

根据《企业资产损失所得税税前扣除管理办法》的规定，资产是指企业拥有或者控制的、用于经营管理活动相关的资产，包括现金、银行存款、应收及预付款项（包括应收票据、各类垫款、企业之间往来款项）等货币性资产，存货、固定资产、无形资产、在建工程、生产性生物资产等非货币性资产，以及债权性投资和股权（权益）性投资。

准予在企业所得税税前扣除的资产损失，是指企业在实际处置、转让上述资产过程中发生的合理损失（以下简称“实际资产损失”），以及企业虽未实际处置、转让上述资产，但符合财税〔2009〕57号通知规定条件计算确认的损失（以下简称“法定资产损失”）。企业实际资产损失，应当在其实际发生且会计上已作损失处理的年度申报扣除；法定资产损失，应当在企业向主管税务机关提供证据资料证明该项资产已符合法定资产损失确认条件，且会计上已作损失处理的年度申报扣除。企业发生的资产损失，应按规定的程序和要求向主管税务机关申报后方能在税前扣除。未经申报的损失，不得在税前扣除。

根据《财政部　国家税务总局关于企业重组业务企业所得税处理若干问题的通知》（财税〔2009〕59号）的规定，企业合并，企业股东在该企业合并发生时取得的股权支付金额不低于其交易支付总额的85%，以及同一控制下且不需要支付对价的企业合并，可以选择按以下规定处理：①合并企业接受被合并企业资产和负债的计税基础，以被合并企业的原有计税基础确定；②被合并企业合并前的相关所得税事项由合并企业承继；③可由合并企业弥补的被合并企业亏损的限额 = 被合并企业净资产公允价值 × 截至合并业务发生当年年末国家发行的最长期限的国债利率；④被合并企业股东取得合并企业股权的计税基础，以其原持有的被合并企业股权的计税基础确定。企业通过与亏损企业的特殊合并，可以按照亏损企业资产的原有计税基础来确定其计税基础，被合并企业的资产损失可以由合并后的企业弥补。

法律法规依据

（1）《企业资产损失所得税税前扣除管理办法》（国家税务总局公告 2011 年第 25 号）。

（2）《中华人民共和国企业所得税法》（2007 年 3 月 16 日第十届全国人民代表大会第五次会议通过，主席令第 63 号，自 2008 年 1 月 1 日起实施）。

（3）《中华人民共和国企业所得税法实施条例》（国务院 2007 年 12 月 6 日颁布，国务院令第 512 号，自 2008 年 1 月 1 日起实施）。

（4）《财政部　国家税务总局关于企业资产损失税前扣除政策的通知》（财税〔2009〕57 号）。

税收筹划案例

甲互联网金融公司账面应收款达 8 000 万元，多数债权虽经法院判决，但债务人大多已经被吊销营业执照或者下落不明，这些债权基本上没有收回的希望。经过初步估计可以扣除的资产损失为 7 800 万元。甲公司全部资产的计税基础为 9 000 万元，公允价值为 2 000 万元。乙公司与甲公司的经营范围基本相同，乙公司在 2014 纳税年度实现利润 8 000 万元，预计 2015 纳税年度将实现利润 9 000 万元。请给出乙公司进行税收筹划的方案。

乙公司可以和甲公司的股东达成协议，甲公司和乙公司合并组成新的乙公司，甲公司的全部资产和负债并入乙公司，甲公司的股东取得乙公司 10% 的股权，该 10% 股权的公允价值为 2 000 万元。甲公司和乙公司的合并符合特殊企业合并的条件，乙公司取得甲公司资产的计税基础为 9 000 万元，甲公司的股东取得乙公司股权的计税基础也为 9 000 万元。乙公司可以将甲公司的资产损失 7 800 万元在税前扣除，由此可以少缴企业所得税：7 800 × 25% = 1 950（万元）。甲公司的股东可以在若干年后转让乙公司的股权，假设该 10% 的股权公允价值已经增加到 9 000 万元，由于甲公司的股东取得该股权的计税基础就是9 000万元，因此，甲公司的股东转让该股权没有所得，不需要缴纳所得税。但实际上，甲公司的股东获得的所得：9 000 − 2 000 = 7 000（万元）。

7 青岛啤酒股权转让案例分析

税收筹划思路

根据《企业所得税法实施条例》第七条规定，转让财产所得，不动产转让所得按照不动产所在地确定，动产转让所得按照转让动产的企业或者机构、场所所在地确定，权益性投资资产转让所得按照被投资企业所在地确定。因此，股权转让所得是否纳税关键是要看目标企业是否在中国境内，虽然是两个非居民企业之间的交易，但是由于标的股权是中国的居民企业，因此中国当局具有税收管辖权，这一点是毫无疑问的，难题在于税收征管问题，由于取得收入的一方与支付价款的一方均在境外，如何能够实现税款入库呢？

税收筹划案例

百威英博公司（Anhevser - Busch Inbev S. A.）香港全资子公司 A - B Jade Hong Kong Holding Company，Limited（以下简称“ABJ”）2009 年 1 月 23 日与日本朝日啤酒株式会社签署股权转让协议，以每股 2.548 美元向朝日啤酒株式会社转让其持有的青岛啤酒股份有限公司（以下简称“青啤”）2.6 亿股 H 股股份（占青啤已发行总股本的 19.99%），买价共计 6.67 亿美元，2009 年 4 月 30 日完成交割；2009 年 5 月 7 日与香港居民陈发树签署股权转让协议，以每股 2.5685 美元向陈发树转让其持有的青啤公司 9164 万股 H 股股份（占青啤已发行总股本的 7.01%），买价共计 2.35 亿美元，2009 年 6 月 5 日完成交割。

百威英博公司占境内企业股份已超过 25%，并且持有期限超过 12 个月，我国内地对该股权转让所得拥有首先征税权，ABJ 应该就其股权转让所得在青啤企业所得税主管税务机关青岛市地税局市北分局申报缴纳企业所得税。百威英博公司却因纳税数额大财务资金紧张，应纳税款迟迟未缴入国库。因交易双方均为境外企业，境内没有开设资金账户，无法实施强制执行措施扣缴税款。青岛地税向普华发送了《税务事项通知书》，要求纳税人在 2009 年 6 月 15 日前缴纳税款，逾期按规定加征滞纳金，并明确了拟采取的包括媒体曝光等在内的进一步措施。

2009 年 7 月 1 日，普华代理申报缴纳了百威英博公司第一笔向日本朝日啤酒株式会社股权转让应纳企业所得税款 3.34 亿元。7 月 10 日，普华代理申报缴纳了百威英博公司第二笔向陈发树先生股权转让应纳企业所得税 1.18 亿元。至此，百威英博公司转让青啤股权应纳税款 4.52 亿元全部依法征缴入库。

法律法规依据

（1）《中华人民共和国企业所得税法》（2007 年 3 月 16 日第十届全国人民代表大会第五次会议通过，主席令第 63 号，自 2008 年 1 月 1 日起实施）。

（2）《中华人民共和国企业所得税法实施条例》（国务院 2007 年 12 月 6 日颁布，国务院令第 512 号，自 2008 年 1 月 1 日起实施）。

第4章

互联网金融企业融资决策税收筹划与案例分析

1 适当增加债权性融资比例进行税收筹划

税收筹划思路

融资决策是任何企业都需要面临的问题，也是企业生存和发展的关键问题之一。融资决策需要考虑众多因素，税收因素是其中之一。利用不同融资方式、不同融资条件对税收的影响，精心设计企业融资项目，以实现企业税后利润或者股东收益最大化，是税收筹划的任务和目的。

融资在企业的生产经营过程中占据着非常重要的地位，融资是企业一系列生产经营活动的前提条件，融资决策的优劣直接影响企业生产经营的业绩。融资作为一项相对独立的企业活动，其对经营收益的影响主要是借助于因资本结构变动产生的杠杆作用进行的。资本结构是企业长期债务资本与权益资本之间的比例构成关系。企业在融资过程中应当考虑以下三个方面：（1）融资活动对于企业资本结构的影响；（2）资本结构的变动对于税收成本和企业利润的影响；（3）融资方式的选择在优化资本结构和减轻税负方面对于企业和所有者税后利润最大化的影响。

在市场经济体制下，企业的融资渠道主要包括从金融机构借款、从非金融机构借款、发行债券、发行股票、融资租赁、企业自我积累和企业内部集资等。不同融资方式的税法待遇及其所造成的税收负担的不同为税收筹划创造了空间。

企业各种融资渠道大致可以划分为负债和资本金两种方式。两种融资方式在税法上的待遇是不同的，《企业所得税法》第八条规定："企业实际发生的与取得收入有关的、合理的支出，包括成本、费用、税金、损失和其他支出，准予在计算应纳税所得额时扣除。"纳税人在生产、经营期间，向金融机构借款的利息支出，按照实际发生数扣除；向非金融机构借款的利息支出，不高于按照金融机构同类、同期贷款利率计算的数额以内的部分，准予扣除。通过负债的方式融资，负债的成本——借款利息可以在税前扣除，从而减轻了企业的税收负担。《企业所得税法》第十条规定："在计算应纳税所得额时，下列支出不得扣除：（一）向投资者支付的股息、红利等权益性投资收益款项；……"由此可见，企业通过增加资本金的方式进行融资所支付的股息或者红利是不能在税前扣除的，因此，仅仅从节税的角度来讲，负债融资方式比权益融资方式较优。但由于各种融资方式还会涉及其他一些融资成本，因此，不能仅仅从税收负担角度来考虑各种融资成本的优劣。下面我们分别分析以下几种最常见的融资方式的各种成本。

（1）发行债券越来越成为大公司融资的主要方案。债券是经济主体为筹集资金而发行的，用以记载和反映债权债务关系的有价证券。由企业发行的债券称为企业债券或公司债券。发行债券的筹资方式，由于筹资对象广、市场大，比较容易寻找降低融资成本、提高整体收益的方法，另外，由于债券的持有者人数众多，有利于企业利润的平均分担，避免利润过分集中所带来的较重税收负担。

（2）向金融机构借款也是企业较常使用的融资方式，由于这种方式只涉及企业和金融机构两个主体，因此，如果二者存在一定的关联关系，就可以通过利润的平均分摊来减轻税收负担。当然，这种方式需要控制在合理的范围之内，否则有可能受到关联企业转移定价的规制。但绝大多数企业和金融机构之间是不存在关联关系的，很难利用关联关系来取得税收上的利息。但由于借款利息可以在税前扣除，因此，这一融资方式比企业自我积累资金的方式在税收待遇上要优越。

（3）企业以自我积累的方式进行筹资，所需要的时间比较长，无法满足绝大多数企业生产经营的需要。另外，从税收的角度来看，自我积累的资金由于不属于负债，因此，也不存在利息抵扣所得额的问题，无法享受税法上的优惠待遇。再加上资金的占用和使用融为一体，企业所承担的风险也比较高。

（4）发行股票仅仅属于上市公司融资的选择方案之一，非上市公司没有权利选择这一融资方式，因此，其适用范围相对比较狭窄。发行股票所支付的股息与红利是在税后利润中进行的，因此，无法像债券利息或借款利息那样享受抵扣所得额的税法优惠待遇。而且发行股票融资的成本相对来讲也比较高，并非绝大多数企业所能选择的融资方案。当然，发行股票融资也有众多优点，比如，发行股票不用偿还本金，没有债务压力。成功发行股票对于企业来讲也是一次非常好的宣传自己的机会，往往会给企业带来其他方面的诸多好处。

一般来讲，企业以自我积累方式筹资所承受的税收负担要重于向金融机构借款所承受的税收负担，贷款融资所承受的税收负担要重于企业间拆借所承受的税收负担，企业间借贷的税收负担要重于企业内部集资的税收负担。

另外，企业还可以通过联合经营来进行税收筹划，即以一个主体厂为中心，与有一定生产设备基础的若干企业联合经营。比如，由主体厂提供原材料，成员厂加工零配件，再卖给主体厂，主体厂组装完成产品并负责销售。这样可以充分利用成员厂的场地、劳动力、设备和资源进行规模生产，提高效率，另外，适当利用各成员厂之间的关联关系，可以减轻整体的税收负担。世界性的大公司都是通过这种全球经营的方式来获得最佳的经营效益。国内企业也可以适当借鉴这种联合经营的方式。

法律法规依据

（1）《中华人民共和国企业所得税法》（2007 年 3 月 16 日第十届全国人民代表大会第五次会议通过，主席令第 63 号，自 2008 年 1 月 1 日起实施）第八条、第十条。

（2）《中华人民共和国企业所得税法实施条例》（国务院2007年12月6日颁布，国务院令第512号，自2008年1月1日起实施）。

税收筹划案例

某互联网金融公司计划投资1 000万元用于一项新产品的生产，在专业人员的指导下制定了三个方案。假设公司的资本结构如表4－1所示。三个方案的债务利率均为10%，企业所得税税率为25%。那么，其权益资本投资利润率如表4－1所示。

表4－1　权益资本投资利润率

项目 ＼ 债务资本：权益资本	方案A	方案B	方案C
	0∶100	20∶80	60∶40
息税前利润（万元）	300	300	300
利率（%）	10	10	10
税前利润（万元）	300	280	240
纳税额（25%）	75	70	60
税后利润（万元）	225	210	180
权益资本收益率（%）	22.5	26.25	45

由以上A、B、C三种方案的对比可以看出，在息税前利润和贷款利率不变的条件下，随着企业负债比例的提高，权益资本的收益率在不断增加。通过比较不同资本结构带来的权益资本收益率的不同，选择融资所要采取的融资组合，实现股东收益最大化。我们可以选择方案C作为该公司投资该项目的融资方案。

2 长期借款融资的税收筹划方案

税收筹划思路

企业的资金来源除权益资金外，主要就是负债。负债一般包括长期负债和短期负债。长期负债资本和权益资本的比例关系一般称为资本构成。长期负债融资的好处：一方面是债务的利息可以起到抵减应纳税所得，减少应纳所得税额；另一方面还体现在通过财务杠杆作用增加权益资本收益率上。假设企业负债经营，债务利息不变，当利润增加时，单位利润所负担的利息就会相对降低，从而使投资者收益有更大幅度的提高，这种债务对投资收益的影响就是财务杠杆作用。

仅仅从节税角度考虑，企业负债比例越大，节税效果越明显。但由于负债比例升高会相应影响将来的融资成本和财务风险，因此，并不是负债比例越高越好。长期负债融资的杠杆作用体现在提高权益资本的收益率以及普通股的每股收益额方面，这可以从下面的公式得以反映：权益资本收益率（税前）= 息税前投资收益率 + 负债/权益资本 ×（息税前投资收益率 - 负债成本率）。

因此，只要企业息税前投资收益率高于负债成本率，增加负债额度，提高负债的比例就会带来权益资本收益率提高的效应。但这种权益资本收益率提高的效应会被企业的财务风险以及融资的风险成本的逐渐加大所抵消，当二者达到一个大体的平衡时，也就达到了增加负债比例的最高限额，超过这个限额，财务风险以及融资风险成本就会超过权益资本收益率提高的收益，也就会从整体上降低企业的税后利润，从而降低权益资本收益率。

法律法规依据

（1）《中华人民共和国企业所得税法》（2007 年 3 月 16 日第十届全国人民代表大会第五次会议通过，主席令第 63 号，自 2008 年 1 月 1 日起实施）。

（2）《中华人民共和国企业所得税法实施条例》（国务院 2007 年 12 月 6 日颁布，国务院令第 512 号，自 2008 年 1 月 1 日起实施）。

税收筹划案例

某互联网金融股份有限公司的资本结构备选方案如表 4-2 所示。

表 4-2　资本结构备选方案表

单位：万元

项目＼方案	A	B	C	D	E
负债比例	0	1:1	2:1	3:1	4:1
负债成本率（%）	—	6	7	9	10.5
投资收益率（%）	10	10	10	10	10
负债额	0	3 000	4 000	4 500	4 800
权益资本额	6 000	3 000	2 000	1 500	1 200
普通股股数（万股）	60	30	20	15	12
年息税前利润额	600	600	600	600	600
减：负债利息成本	—	180	280	405	504
年税前净利	600	420	320	195	96
所得税率（%）	25	25	25	25	25
应纳所得税额	150	105	80	48.75	24
年息税后利润	450	315	240	146.25	72
权益资本收益率（%）	7.5	10.5	12	9.75	6
普通股每股收益额（元）	7.5	10.5	12	9.75	6

从 A、B、C、D、E 五种选择方案可以看出，方案 B、C、D 利用了负债融资的方式，由于其负债利息可以在税前扣除，因此，降低了所得税的税收负担，产生了权益资本收益率和普通股每股收益额均高于完全靠权益资金融资的方案 A。

上述方案中假设随着企业负债比例的不断提高，企业融资的成本也在不断提高，反映在表格中是负债成本率不断提高，这一假设是符合现实的。正是由于负债成本率的不断提高，增加的债务融资成本逐渐超过因其抵税作用带来的收益，这时，通过增加负债比例进行税收筹划的空间就走到尽头了。上述五种方案所带来的权益资本收益率和普通股每股收益额的变化充分说明了这一规律。从方案 A 到方案 C，随着企业负债比例的不断提高，权益资本收益率和普通股每股收益额也在不断提高，说明税收效应处于明显的优势，但从方案 C 到方案 D 则出现了权益资本收益率和普通股每股收益额逐渐下降的趋势，这就说明了此时起主导作用的因素已经开始向负债成本转移，债务成本抵税作用带来的收益增加效应已经受到削弱与抵消，但与完全采用股权性融资的方案相比，仍是有利可图的。但到方案 E 时，债务融资税收挡板作用带来的收益就完全被负债成本的增加所抵消，而且负债成本已经超过节税的效应了，因此，方案 E 的权益资本收益率和普通股每股收益额已经低于完全不进行融资时（方案 A）的收益了。此时融资所带来的就不是收益而是成本了。

这一案例再次说明了前面的结论：只有当企业息税前投资收益率高于负债成本率时，增加负债比例才能提高企业的整体效益，否则，就会降低企业的整体效益。

在长期借款融资的税收筹划中，借款偿还方式的不同也会导致不同的税收待遇，从而同样存在税收筹划的空间。比如，某公司为了引进一条先进的生产线，从银行贷款 1 000 万元，年利率为 10%，年投资收益率为 18%，5 年内还清全部本息。经过税收筹划，该公司可选择的方案主要有四种：（1）期末一次性还本付息；（2）每年偿还等额的本金和利息；（3）每年偿还等额的本金 200 万元及当期利息；（4）每年支付等额利息 100 万元，并在第 5 年末一次性还本。在以上各种不同的偿还方式下，年偿还额、总偿还额、税额以及企业的整体收益均是不同的。

一般来讲，第一种方案给企业带来的节税额最大，但它给企业带来的经济效益却是最差的，企业最终所获利润低，而且现金流出量大，因此是不可取的。第三种方案尽管使企业缴纳了较多的所得税，但其税后收益却是最高的，而且现金流出量也是最小的，因此，它是最优的方案。第二种方式是次优的，它给企业带来的经济利益小于第三种方案，但大于第四种方案。长期借款融资偿还方式的一般原则是分期偿还本金和利息，尽量避免一次性偿还本金或者本金和利息。

3 提高负债与投资比例的税收筹划

税收筹划思路

根据现行税法的规定，公司借款的利息在符合税法规定的限额的情况下可以在计算企业所得税时予以税前扣除，而公司股东的股息则必须在缴纳企业所得税以后才能予以扣除。因此，当公司需要一笔资金时，采取借债的方式显然比股东投资的方式在税法上有利，股东可以利用这一制度设计将部分资金采取借贷的方式投入公司，以减轻税收负担。

当然，这种税收筹划的方法必须保持在一定的限度内，否则税务机关有权进行调整。《企业所得税法》第四十六条规定："企业从其关联方接受的债权性投资与权益性投资的比例超过规定标准而发生的利息支出，不得在计算应纳税所得额时扣除。"债权性投资，是指企业直接或者间接从关联方获得的，需要偿还本金和支付利息或者需要以其他具有支付利息性质的方式予以补偿的融资。企业间接从关联方获得的债权性投资，包括：（1）关联方通过无关联第三方提供的债权性投资；（2）无关联第三方提供的、由关联方担保且负有连带责任的债权性投资；（3）其他间接从关联方获得的具有负债实质的债权性投资。

权益性投资，是指企业接受的不需要偿还本金和支付利息，投资人对企业净资产拥有所有权的投资。

根据《财政部　国家税务总局关于企业关联方利息支出税前扣除标准有关税收政策问题的通知》（财税〔2008〕121号）的规定，在计算应纳税所得额时，企业实际支付给关联方的利息支出，不超过以下规定比例和《企业所得税法》及其实施条例有关规定计算的部分，准予扣除，超过的部分不得在发生当期和以后年度扣除。企业实际支付给关联方的利息支出，其接受关联方债权性投资与其权益性投资比例为：①金融企业为5∶1；②其他企业为2∶1。

企业如果能够按照《企业所得税法》及其实施条例的有关规定提供相关资料，并证明相关交易活动符合独立交易原则的；或者该企业的实际税负不高于境内关联方的，其实际支付给境内关联方的利息支出，在计算应纳税所得额时准予扣除。

企业同时从事金融业务和非金融业务，其实际支付给关联方的利息支出，应按照合理方法分开计算；没有按照合理方法分开计算的，一律按其他企业的比例计算准予税前扣除的利息支出。企业自关联方取得的不符合规定的利息收入应按照有关规定缴纳企业所得税。

法律法规依据

（1）《中华人民共和国企业所得税法》（2007年3月16日第十届全国人民代表大会第五次会议通过，主席令第63号，自2008年1月1日起实施）。

（2）《中华人民共和国企业所得税法实施条例》（国务院2007年12月6日颁布，国务院令第512号，自2008年1月1日起实施）。

（3）《财政部　国家税务总局关于企业关联方利息支出税前扣除标准有关税收政策问题的通知》（财政部　国家税务总局2008年9月19日发布，财税〔2008〕121号）。

税收筹划案例

某互联网金融股份有限公司计划筹措 1 000 万元资金用于某高科技产品生产线的建设，相应制定了 A、B、C 三种筹资方案。假设该公司的资本结构（负债筹资与权益筹资的比例）如下：三种方案的借款年利率都为 8%，企业所得税税率都为 25%，三种方案扣除利息和所得税前的年利润都为 100 万元。

方案 A：1 000 万元资金全部都采用权益筹资方式，即向社会公开发行股票，每股计划发行价格为 2 元，共计 500 万股。

方案 B：采用负债筹资与权益筹资相结合的方式，向商业银行借款融资 200 万元，向社会公开发行股票 400 万股，每股计划发行价格为 2 元。

方案 C：采用负债筹资与权益筹资相结合的方式，但二者适当调整，向银行借款 600 万元，向社会公开发行股票 200 万股，每股计划发行价格为 2 元。请给出税收筹划方案。

三种方案的投资利润率如表 4－3 所示。

表 4－3　投资利润率表

方案	A	B	C
债务资本：权益资本	0∶100	20∶80	60∶40
权益资本额（万元）	1 000	800	400
息税前利润（万元）	100	100	100
利息（万元）	0	16	48
税前利润（万元）	100	84	52
所得税税额（25%）	25	21	13
税后利润（万元）	75	63	39
税前投资收益率（%）	10	10.5	13
税后投资收益率（%）	7.5	7.89	9.75

通过以上分析，可以发现，随着负债筹资比例的提高，企业应纳所得税额呈递减趋势（从 25 万元减为 21 万元，再减至 13 万元），从而显示负债筹资具有节税的效应。在上述三种方案中，方案 C 无疑是最佳的税收筹划方案。

4

融资租赁中的税收筹划方案

税收筹划思路

租赁合同是企业经营过程中经常使用的一种合同，《合同法》第二百一十二条规定："租赁合同是出租人将租赁物交付承租人使用、收益，承租人支付租金的合同。"租赁可以分为经营租赁和融资租赁，《合同法》中的租赁合同就是经营租赁。根据《合同法》第二百七十三条的规定："融资租赁合同是出租人根据承租人对出卖人、租赁物的选择，向出卖人购买租赁物，提供给承租人使用，承租人支付租金的合同。"融资租赁一方面具有租赁的一般特点，另一方面又具有融资的特点。它是通过"融物"的形式来达到融资的目的，因此，融资租赁也是企业融资的一种重要方式。

典型的融资租赁由三方当事人和两个合同组成，即由出租人与供货人签订的购货合同和出租人与承租人签订的租赁合同组成。在实际操作中，一般把符合下列条件之一的租赁，认定为融资租赁：（1）租赁期满，租赁物的所有权无偿转移给承租人，或者承租人有权按照象征性的低于正常价值的价格购买租赁物；（2）租赁期超过租赁物寿命的75%；（3）租金的现值不超过租赁物合理价值的90%。

对于企业来讲，要引进一项新设备，主要有三种方式：用自有资金购买、用长期贷款购买和融资租赁。三种方式均能实现增加生产设备的目的，这一点效果相同，但不同融资方式所引起的净现金流量不同。

除了典型的融资租赁方式以外，企业在税收筹划时还可以考虑一些特殊的融资租赁方式。特殊的融资租赁是在典型的融资租赁的基础之上加上一些特殊的做法演化而来的，如转租赁、回租租赁、卖方租赁、营业合成租赁、项目融资租赁、综合租赁和杠杆租赁。其中在国际经济活动中应用最为普遍的是杠杆租赁。杠杆租赁，也称为平衡租赁，它是指租赁物购置成本的小部分（一般为20%~40%）由出租人出资，大部分（一般为60%~80%）由银行等金融机构提供贷款的一种租赁方式。

20世纪60年代以来，西方许多国家为了鼓励设备投资，给予设备购买人投资抵扣、加速折旧等税收优惠。对于出租人而言，采用杠杆租赁，既可以获得贷款人的信贷支持，又可以取得税收优惠待遇；对贷款人而言，其收回贷款的权利优先于出租人取得租金的权利，而且有租赁物作为担保，因此，贷款风险大大降低；对于承租人而言，由于出租人和贷款人都可以获得较普通租赁和贷款较高的利润，因此，它们往往将这部分收益通过降低租金的方式部分转移给承租人，这样，承租人也就获得了利益。正由于杠杆租赁具有众多优势，因此，得以在国际租赁市场上迅速推广。国内企业也可以借鉴这种融资方式，来获得最佳的融资收益。

法律法规依据

（1）《中华人民共和国合同法》（1999年3月15日第九届全国人民代表大会第二次会议通过，1999年3月15日中华人民共和国主席令第15号公布，自1999年10月1日起施行）第二百一十二条、第二百七十三条。

（2）《中华人民共和国企业所得税法》（2007年3月16日第十届全国人民代表大会第五次会议通过，主席令第63号，自2008年1月1日起实施）。

（3）《中华人民共和国企业所得税法实施条例》（国务院2007年12月6日颁布，国务院令第512号，自2008年1月1日起实施）。

税收筹划案例

某互联网金融公司计划增添一大型设备，总共需要资金200万元，预计使用寿命为6年，净残值为8万元，采用平均年限法，折现系数为10%。该企业有三种方案可供选择：第一，用自有资金购买；第二，贷款购买，银行提供5年期的长期贷款，每年偿还40万元本金及利息，利率为10%；第三，融资租赁，5年后取得所有权，每年支付租赁费40万元，手续费为1%，融资利率为9%。请比较三种方案，并提出税收筹划方案。

第一种方案的现金流出量现值如表4－4所示。

表4－4 现金流出量现值表一

单位：万元

年份	购买成本	折旧费	节税额	税后现金流出量	折现系数	税后现金流出量现值
①	②	③	④=③×25%	⑤=②－④	⑥	⑦=⑤×⑥
第1年初	200	—	—	200	—	200
第1年末	—	32	8	－8	0.91	－7.28
第2年末	—	32	8	－8	0.83	－6.64
第3年末	—	32	8	－8	0.75	－6
第4年末	—	32	8	－8	0.68	－5.44
第5年末	—	32	8	－8	0.62	－4.96
第6年末	—	32	8	－8	0.56	－4.48
	—	—	—	－8	0.56	－4.48
合计	200	192	48	144	—	160.72

第二种方案的现金流出量现值如表4－5所示。

表4－5 现金流出量现值表二

单位：万元

年份	偿还本金	利息	本利和	折旧费	节税额	税后现金流出量	折现系数	税后现金流出量现值
①	②	③	④=②+③	⑤	⑥=（③+⑤）×25%	⑦=④－⑥	⑧	⑨=⑦×⑧
第1年末	40	20	60	32	13	47	0.91	42.77
第2年末	40	16	56	32	12	44	0.83	36.52

续表

年份	偿还本金	利息	本利和	折旧费	节税额	税后现金流出量	折现系数	税后现金流出量现值
第3年末	40	12	52	32	11	41	0.75	30.75
第4年末	40	8	48	32	10	38	0.68	25.84
第5年末	40	4	44	32	9	35	0.62	21.7
第6年末	—	—	—	32	8	-8	0.56	-4.48
	—	—	—	—	—	-8	0.56	-4.48
合计	200	60	260	192	63	189	—	148.62

第三种方案的现金流出量现值如表4-6所示。

表4-6　现金流出量现值表三

单位：万元

年份	租赁成本	手续费	融资利息	租赁总成本	折旧费	节税额	税后现金流出量	折现系数	税后现金流出量现值
①	②	③=②×1%	④	⑤=②+③+④	⑥	⑦=(③+④+⑥)×25%	⑧=⑤-⑦	⑨	⑩=⑧×⑨
第1年末	40	0.4	18	58.4	32	12.6	45.8	0.91	41.68
第2年末	40	0.4	14.4	54.8	32	11.7	43.1	0.83	35.77
第3年末	40	0.4	10.8	51.2	32	10.8	40.4	0.75	30.3
第4年末	40	0.4	7.2	47.6	32	9.9	37.7	0.68	25.64
第5年末	40	0.4	3.6	44	32	9	35	0.62	21.7
第6年末	—	—	—	—	32	8	-8	0.56	-4.48
	—	—	—	—	—	—	-8	0.56	-4.48
合计	200	2	54	256	192	62	186	—	146.13

通过分析以上三种方案可以看出，仅仅从节税的角度来看，用贷款购买设备所享受的税收优惠最大，因为这部分资金的成本（贷款利息）可以在税前扣除，而用自有资金购买设备就不能享受税前扣除的待遇，因此，所获得的税收优惠是最小的。但是从税后现金流出量现值来看，融资租赁所获得的利益是最大的，用贷款购买设备次之，用自有资金购买设备是最次的方案。

这一案例的分析也充分体现了前面我们对相关问题的分析结论，比如，利用自有资金实现融资目的无法享受债权性融资产生的税收挡板作用带来的节税利益，因此，通过负债的方式实现融资目的是较优的选择，而在负债融资的方式中，偿还贷款的方式不同，企业所获得的效益也不同，本案例所假设的偿还贷款的方式是效益最佳的方式。而在贷款融资和融资租赁融资的比较中，后者一般来讲较优，但仍需要具体比较和分析租赁期间、偿还贷款的时间、融资的利率和贷款的利率等主要指标。一般来讲，时间越长，利率越低，税收利益也就越大。

5 企业职工融资中的税收筹划

税收筹划思路

根据现行企业所得税政策，企业发生的合理的工资、薪金支出，准予扣除。企业在生产经营活动中发生的下列利息支出，准予扣除：(1) 非金融企业向金融企业借款的利息支出、金融企业的各项存款利息支出和同业拆借利息支出、企业经批准发行债券的利息支出；(2) 非金融企业向非金融企业借款的利息支出，不超过按照金融企业同期同类贷款利率计算的数额的部分。

职工是企业融资的一个重要渠道，通过职工进行融资可以通过提高工资、薪金的方式间接支付部分利息，使得超过银行贷款利率部分的利息能够得以扣除。

根据《国家税务总局关于企业向自然人借款的利息支出企业所得税税前扣除问题的通知》（国税函〔2009〕777 号）的规定，企业向股东或其他与企业有关联关系的自然人借款的利息支出，应根据《企业所得税法》第四十六条及《财政部　国家税务总局关于企业关联方利息支出税前扣除标准有关税收政策问题的通知》（财税〔2008〕121 号）规定的条件，计算企业所得税扣除额。

企业向除上述规定以外的内部职工或其他人员借款的利息支出，其借款情况同时符合以下条件的，其利息支出在不超过按照金融企业同期同类贷款利率计算的数额的部分，根据《企业所得税法》第八条和《企业所得税法实施条例》第二十七条规定，准予扣除：（1）企业与个人之间的借贷是真实、合法、有效的，并且不具有非法集资目的或其他违反法律、法规的行为；（2）企业与个人之间签订了借款合同。

法律法规依据

（1）《中华人民共和国企业所得税法》（2007 年 3 月 16 日第十届全国人民代表大会第五次会议通过，主席令第 63 号，自 2008 年 1 月 1 日起实施）。

（2）《中华人民共和国企业所得税法实施条例》（国务院 2007 年 12 月 6 日颁布，国务院令第 512 号，自 2008 年 1 月 1 日起实施）。

（3）《国家税务总局关于企业向自然人借款的利息支出企业所得税税前扣除问题的通知》（国家税务总局 2009 年 12 月 31 日发布，国税函〔2009〕777 号）。

税收筹划案例

某互联网金融企业在生产经营中需要 1 000 万元贷款，贷款期限为 3 年，由于各种原因难以继续向银行贷款。企业财务主管提出三种融资方案：第一种，向其他企业贷款，贷款利率为 10%，需提供担保；第二种，向社会上的个人贷款，贷款利率为 12%，不需要提供担保；第三种，向本企业职工集资，利率为 12%，不需要提供担保。同期银行贷款利率为 7%。该企业应当如何决策？

虽然向其他企业贷款的利率较低，但需要提供担保，贷款条件和银行基本相当，并非最佳选择。如果选择向社会上的个人贷款，企业所支付的超过银行同期贷款利率的利息不能扣除，增加了企业的税收负担。如果向本企业职工集资，则可以通过提供职工工资的方式支付部分利息，从而使得全部贷款利息均可以在税前扣除。通过职工集资，可以多扣除利息：1 000 × (12% − 7%) × 3 = 150(万元)。减轻税收负担：150 × 25% = 37.5(万元)。

6 融资阶段选择中的税收筹划

税收筹划思路

根据现行企业所得税政策，企业在生产经营活动中发生的合理的不需要资本化的借款费用，准予扣除。企业为购置、建造固定资产、无形资产和经过12个月以上的建造才能达到预定可销售状态的存货发生借款的，在有关资产购置、建造期间发生的合理的借款费用，应当作为资本性支出计入有关资产的成本，并依照《企业所得税法实施条例》的规定扣除。企业在生产经营活动中发生的下列利息支出，准予扣除：（1）非金融企业向金融企业借款的利息支出、金融企业的各项存款利息支出和同业拆借利息支出、企业经批准发行债券的利息支出；（2）非金融企业向非金融企业借款的利息支出，不超过按照金融企业同期同类贷款利率计算的数额的部分。

企业尽量选择盈利年度进行贷款，通过贷款利息的支出抵消盈利，从而减轻税收负担。

法律法规依据

（1）《中华人民共和国企业所得税法》（2007年3月16日第十届全国人民代表大会第五次会议通过，主席令第63号，自2008年1月1日起实施）。

（2）《中华人民共和国企业所得税法实施条例》（国务院2007年12月6日颁布，国务院令第512号，自2008年1月1日起实施）。

税收筹划案例

某企业预计2013年度应纳税所得额为35万元，2014年度由于进行重大投资，将亏损10万元，2015年度预计应纳税所得额为0，2016年度将实现盈利10万元，2017年将实现盈利20万元。该企业原计划在2014年度开始从银行贷款，贷款期限为3年，每年支付贷款利息约5万元。该企业应当如何进行税收筹划（该企业从业人数为80人，资产总额为6 000万元）？

如果该企业从2014年度开始贷款，加上贷款利息的支付，该企业2014年度将亏损15万元，2015年度将亏损5万元，2016年度将实现盈利5万元（支付5万元利息），弥补亏损后没有盈利，2017年盈利20万元，弥补以前年度亏损后盈利5万元。该企业2013年度需缴纳企业所得税：$35\times25\%=8.75$（万元）。2014年度至2016年度不需要缴纳企业所得税。2017年度需要缴纳企业所得税：$5\times20\%=1$（万元）。

如果该企业将贷款提前到2013年度，则该企业2013年度应纳税所得额将变为30万元，应纳税额：$30\times20\%=6$（万元）。2014年度亏损15万元，2015年度亏损5万元，2016年度弥补亏损后没有盈利，2017年度弥补亏损后盈利10万元，应纳税额：$10\times20\%=2$（万元）。税收筹划减轻税收负担：$8.75+1-6-2=1.75$（万元），同时相当于获得了1万元的三年期无息贷款。

7 关联企业融资中的税收筹划

税收筹划思路

根据现行企业所得税政策，企业从其关联方接受的债权性投资与权益性投资的比例超过规定标准而发生的利息支出，不得在计算应纳税所得额时扣除。债权性投资，是指企业直接或者间接从关联方获得的，需要偿还本金和支付利息或者需要以其他具有支付利息性质的方式予以补偿的融资。企业间接从关联方获得的债权性投资，包括：（1）关联方通过无关联第三方提供的债权性投资；（2）无关联第三方提供的、由关联方担保且负有连带责任的债权性投资；（3）其他间接从关联方获得的具有负债实质的债权性投资。

权益性投资，是指企业接受的不需要偿还本金和支付利息，投资人对企业净资产拥有所有权的投资。

根据《财政部　国家税务总局关于企业关联方利息支出税前扣除标准有关税收政策问题的通知》（财税〔2008〕121号）的规定，在计算应纳税所得额时，企业实际支付给关联方的利息支出，不超过以下规定比例和《企业所得税法》及其实施条例有关规定计算的部分，准予扣除，超过的部分不得在发生当期和以后年度扣除。企业实际支付给关联方的利息支出，其接受关联方债权性投资与其权益性投资比例为：①金融企业为5∶1；

②其他企业为2∶1。

企业如果能够按照《企业所得税法》及其实施条例的有关规定提供相关资料，并证明相关交易活动符合独立交易原则的；或者该企业的实际税负不高于境内关联方的，其实际支付给境内关联方的利息支出，在计算应纳税所得额时准予扣除。

企业同时从事金融业务和非金融业务，其实际支付给关联方的利息支出，应按照合理方法分开计算；没有按照合理方法分开计算的，一律按其他企业的比例计算准予税前扣除的利息支出。企业自关联方取得的不符合规定的利息收入应按照有关规定缴纳企业所得税。

按照上述标准，如果企业债权性投资已经超过上述标准，企业可以考虑通过非关联企业进行债权性投资来进行税收筹划。同时，企业也可以通过证明相关交易活动符合独立交易原则或者证明该企业的实际税负不高于境内关联方，这样也可以不受上述标准的约束。

法律法规依据

（1）《中华人民共和国企业所得税法》（2007年3月16日第十届全国人民代表大会第五次会议通过，主席令第63号，自2008年1月1日起实施）第四十六条。

（2）《中华人民共和国企业所得税法实施条例》（国务院2007年12月6日颁布，国务院令第512号，自2008年1月1日起实施）第一百一十九条。

（3）《财政部　国家税务总局关于企业关联方利息支出税前扣除标准有关税收政策问题的通知》（财政部　国家税务总局2008年9月19日发布，财税〔2008〕121号）。

税收筹划案例

甲公司对乙公司权益性投资总额为1 000万元，乙公司2015年度计划从甲公司融资3 000万元，融资利率为7%。已知金融机构同期同类贷款的利率也为7%。该企业应当如何进行税收筹划?

由于甲公司对乙公司债权性投资与权益性投资的比例已经达到：3 000 ÷ 1 000 =3，超过了2倍的上限，超过部分的利息不能扣除。该企业2015年度不能扣除的利息：1 000 ×7% =70（万元）。因此，该企业2015年度需要多缴纳企业所得税：70 ×25% =17.5(万元)。如果该企业通过一个非关联企业进行融资（关联企业通过一定的调整可以转变为非关联企业），或者将贷款分为两个纳税年度进行，待第一笔贷款归还后再进行第二笔贷款，那么，上述70万元的利息都可以扣除。该企业可以减轻税收负担17.5万元。

8 新疆企业融资税收案例分析

税收筹划思路

根据《企业所得税法实施条例》的规定，来源于中国境内、境外的所得，按照以下原则确定：①销售货物所得，按照交易活动发生地确定；②提供劳务所得，按照劳务发生地确定；③转让财产所得，不动产转让所得按照不动产所在地确定，动产转让所得按照转让动产的企业或者机构、场所所在地确定，权益性投资资产转让所得按照被投资企业所在地确定；④股息、红利等权益性投资所得，按照分配所得的企业所在地确定；⑤利息所得、租金所得、特许权使用费所得，按照负担、支付所得的企业或者机构、场所所在地确定，或者按照负担、支付所得的个人的住所地确定；⑥其他所得，由国务院财政、税务主管部门确定。

由于不同所得来源地的判断原则不同，因此，将一种所得转变为其他所得以后，就可以相对容易地进行税收筹划。例如，利息所得按照负担、支付所得的企业或者机构、场所所在地确定，或者按照负担、支付所得的个人的住所地确定，改变所得来源地比较困难。而股权转让所得按照被投资企业所在地确定，而被投资企业所在地相对比较容易改变，通过设立中间层公司即可将股权转让所得转移至境外。

税务机关反避税的主要法规依据如下：

《特别纳税调整实施办法（试行）》（国税发〔2009〕2号）第九十三条规定，税务机关应按照实质重于形式的原则审核企业是否存在税收筹划安排，并综合考虑安排的以下内容：①安排的形式和实质；②安排订立的时间和执行期间；③安排实现的方式；④安排各个步骤或组成部分之间的联系；⑤安排涉及各方财务状况的变化；⑥安排的税收结果。

《特别纳税调整实施办法（试行）》第九十四条规定，税务机关应按照经济实质对企业的税收筹划安排重新定性，取消企业从税收筹划安排获得的税收利益。对于没有经济实质的企业，特别是设在避税港并导致其关联方或非关联方税收筹划的企业，可在税收上否定该企业的存在。

税收筹划案例

2003年3月，新疆维吾尔自治区某公司（以下简称“B公司”）与乌鲁木齐市某公司（以下简称“C公司”）共同出资成立液化天然气生产和销售的公司（以下简称“A公司”）。注册资金8亿元人民币，其中B公司为主要投资方，出资7.8亿元，占注册资金的97.5%，C公司出资2 000万元，占注册资金的2.5%。

2006年7月，A公司出资方B公司和C公司与某巴巴多斯的公司（以下简称“D公司”）签署了合资协议，D公司通过向B公司购买其在A公司所占股份方式参股A公司。D公司支付给B公司3 380万美元，占有了A公司33.32%的股份。此次股权转让后，A公司的投资比例变更为：B公司占64.18%，C公司占2.5%，D公司占33.32%。

合资协议签署27天后，投资三方签署增资协议，B公司增加投资2.66亿元人民币（B公司出售其股权所得3 380万美元）。增资后，A公司的注册资本变更为10.66亿元人民币，各公司相应持股比例再次发生变化。其中，B公司占73.13%，D公司占24.99%，C公司占1.88%。

2007年6月，D公司决定将其所持有的A公司24.99%的股权以4 596.8万美元的价格转让给B公司，并与B公司签署了股权转让协议，由

B公司支付D公司股权转让款4 596.8万美元。至此，D公司从2006年6月与中方签订3 380万美元的投资协议到2007年6月转让股权撤出投资(均向中方同一家公司买卖股份)，仅一年的时间取得收益1 217万美元。

在为转让股权所得款项汇出境外开具售付汇证明时，付款单位代收款方D公司向主管税务机关提出要求开具不征税证明。理由是：根据中国和巴巴多斯税收协定“第十三条财产收益”的规定，该笔股权转让款4 596.8万美元应仅在巴巴多斯征税。(2010年3月，中国同巴巴多斯已经重新修订了协定。即使根据新修订的税收协定，如果不进行反避税调整的话，由于巴巴多斯公司持有境内股权比例不超过25%，在中国也无须纳税。)

乌鲁木齐市国税局及时对此项不征税申请进行了研究，并将情况反映到新疆维吾尔自治区国税局，引起了上级机关的高度重视，围绕居民身份的确定及税收协定条款的适用问题开展了调查，发现了种种疑点。

疑点一：D公司是美国NB投资集团于2006年5月在巴巴多斯注册成立的企业。在其注册一个月后即与中方签订投资合资协议，而投入的资金又是从开曼开户的银行汇入中国的。该公司投资仅一年就将股份转让，并转让收益高达1 217万美元，折合人民币9 272万元，收益率36%，且不是企业实际经营成果，而是按事前的合同约定的。(收益率达到36%，说明利率为36%，可以想象该交易是这样的：美国NB投资集团要借款给A公司，借款利率为36%。美国NB投资集团要缴纳3.6%的预提所得税，为此采取了“假股权真债权”的方式，同时利用中巴协定股权转让所得不征税条款，避免缴纳中国的股权转让所得预提所得税。)

疑点二：关于D公司的居民身份问题，税务机关提出了疑问。为此，D公司提供了由我驻巴巴多斯大使馆为其提供的相关证明，称其为巴巴多斯居民。但该证明文件只提到D公司是按巴巴多斯法律注册的，证明该法律的签署人是真实的；同时该公司还出具了巴巴多斯某律师证明文件，证明D公司是依照“巴巴多斯法律”注册成立的企业，成立日期为2006年5月10日（同年7月即与我国公司签署合资协议），公司地址为巴巴多斯×

大街×花园。但公司登记的三位董事都是美国国籍，家庭住址均为美国×州×镇×街×号。

疑点三：D公司作为合资企业的外方，并未按共同投资、共同经营、风险共担、利益共享的原则进行投资，而是只完成了组建我国中外合资企业的有关法律程序，便获取了一笔巨额收益。从形式上看是投资，而实际上却很难判断是投资、借款或融资，还是仅仅帮助国内企业完成变更手续，或者还有更深层次的其他经济问题。

根据中巴税收协定，此项发生在我国的股权转让收益我国没有征税权，征税权在巴方。在D公司是否构成巴巴多斯居民的身份尚未明确的情况下，付款方股权回购公司多次催促税务部门尽快答复是否征税并希望税务部门配合办理付汇手续。根据付款协议，如果付款方不按时汇款，将额外支付高额的利息。为了避免中方企业遭受不必要的经济损失，新疆维吾尔自治区国税局同意乌鲁木齐市国税局及付款方提议，对股权转让款先行汇出，但扣留相当于应纳税款部分的款项，余额部分待D公司能否享受税收协定待遇确定后再做决定。

对此，乌鲁木齐市国税局一方面进行深入的调查了解，开展对D公司居民身份的取证工作，判定是否可以执行中巴税收协定；另一方面将案情进展情况及具体做法及时向新疆维吾尔自治区国税局汇报并通过新疆维吾尔自治区国税局向国家税务总局报告。国家税务总局启动了税收情报交换机制，最终确认D公司不属于巴巴多斯的税收居民，不能享受中巴税收协定的有关规定，对其在华投资活动中的所得应按国内法规定处理。2008年7月完成了该项916.4万元税款的入库工作。至此，此项工作顺利结束。

应对反避税策略

本案反避税调查的核心是D公司是否属于巴巴多斯的税收居民，是否可以享受中巴税收协定的有关规定。由于D公司在巴巴多斯没有经济实质，因此，无法被认定为巴巴多斯的税收居民。因此，该类税收筹划方案的核心在于将税收筹划地公司变成具有经济实质的公司，其方法主要包括具有真实经营业务，具有真实注册资本，具有一定的员工和相对复杂的资产负债。此类反避税不需要考虑 D 公司的设立是否具有合理商业目的，因此，使用合理商业目的来应对反避税是没有用的，必须从经济实质角度入手。

法律法规依据

（1）《中华人民共和国企业所得税法》（2007 年 3 月 16 日第十届全国人民代表大会第五次会议通过，主席令第 63 号，自 2008 年 1 月 1 日起实施）。

（2）《中华人民共和国企业所得税法实施条例》（国务院 2007 年 12 月 6 日颁布，国务院令第 512 号，自 2008 年 1 月 1 日起实施）。

（3）《特别纳税调整实施办法（试行）》（国税发〔2009〕2 号）。

第5章

互联网金融企业
薪金发放税收筹划与案例分析

1 工资与劳务报酬的转化

税收筹划思路

我国现行个人所得税的类型是分类所得税制，即把个人的各种所得分成以下11类：（1）工资、薪金所得；（2）个体工商户的生产、经营所得；（3）对企事业单位的承包经营、承租经营所得；（4）劳务报酬所得；（5）稿酬所得；（6）特许权使用费所得；（7）利息、股息、红利所得；（8）财产租赁所得；（9）财产转让所得；（10）偶然所得；（11）经国务院财政部门确定征税的其他所得。

上述各项所得分别适用不同的征收方式、税基、税率。因此，相同数量的所得，如果所属的税目不同，则要承担不同的税收负担。我国现行工资、薪金所得适用的是七级超额累进税率，最低一级税率为3%，最高一级税率为45%，而劳务报酬所得所适用的是20%的比例税率，因此，如果所得的数额不是很高，采用工薪所得的税率计算的数额较低，此时就可以将劳务报酬所得变为工资、薪金所得。如果工薪所得的数额较高，其平均税率有可能超过20%，这时，将工资、薪金所得转化为劳务报酬所得就是有利的。但是，这种转化并不是任意的，国家税务总局对如何判定工资、薪金所得和劳务报酬所得有专门规定，1994年3月31日国家税务总局发布的《征收个人所得税若干问题的规定》(国税发〔1994〕89 号) 对此做了解释：工资、薪金所得是属于非独立个人劳务活动，即在机关、团体、学校、部队、企事业单位及其他组织中任职、受雇而得到的报酬；劳务报酬所得则是个人独立从事各种技艺、提供各项劳务取得的报酬。两者的主要区别在于，前者存在雇佣与被雇佣关系，后者则不存在这种关系。一般来讲，对于那些长期为某单位提供劳务的，可以考虑转化为雇佣关系。比如，高校的教师或者研究生到校外兼职讲课或者做其他工作，都可以考虑按照工资、薪金所得予以申报纳税。

工资、薪金所得，以每月收入额减除费用 3 500 元后的余额，为应纳税所得额。工资、薪金所得，适用超额累进税率，税率为3%~45%。对在中国境内无住所而在中国境内取得工资、薪金所得的纳税义务人和在中国境内有住所而在中国境外取得工资、薪金所得的纳税义务人，可以根据其平均收入水平、生活水平以及汇率变化情况确定附加减除费用，附加减除费用标准为 1 300 元。华侨和香港、澳门、台湾同胞，也可以享受 1 300 元的附加减除费用。

可以享受 4 800 元扣除费用的人员包括：(1) 在中国境内的外商投资企业和外国企业中工作的外籍人员；(2) 应聘在中国境内的企业、事业单位、社会团体、国家机关中工作的外籍专家；(3) 在中国境内有住所而在中国境外任职或者受雇取得工资、薪金所得的个人；(4) 财政部确定的其他人员。

按照国家规定，单位为个人缴付和个人缴付的基本养老保险费、基本医疗保险费、失业保险费、住房公积金（以下简称“三险一金”），从纳税义务人的应纳税所得额（见表 5 - 1）中扣除。

表 5 - 1　个人所得税税率表一（工资、薪金所得适用）

级数	全月应纳税所得额	税率（%）	速算扣除数（元）
1	不超过 1 500 元的	3	0
2	超过 1 500 元至 4 500 元的部分	10	105
3	超过 4 500 元至 9 000 元的部分	20	555

续表

级数	全月应纳税所得额	税率（%）	速算扣除数（元）
4	超过 9 000 元至 35 000 元的部分	25	1 005
5	超过 35 000 元至 55 000 元的部分	30	2 755
6	超过 55 000 元至 80 000 元的部分	35	5 505
7	超过 80 000 元的部分	45	13 505

注：本表所称全月应纳税所得额是指依照《个人所得税法》第六条的规定，以每月收入额减除费用 3 500 元后的余额或者减除附加减除费用后的余额。

应纳税额 = （工资、薪金所得 − “三险一金” − 3 500 或者 4 800）× 适用税率 − 速算扣除数

工资、薪金所得由支付单位代扣代缴。在单位没有代扣代缴个人所得税的情况下，纳税人需要自行向税务机关申报缴纳个人所得税。

纳税义务人在境内、境外同时取得工资、薪金所得的，应根据《个人所得税法实施条例》第五条规定的原则，判断其境内、境外取得的所得是否来源于一国的所得。纳税义务人能够提供在境内、境外同时任职或者受雇及其工资、薪金标准的有效证明文件，可判定其所得是来源于境内或境外所得，应按税法和条例的规定分别减除费用并计算纳税；不能提供上述证明文件的，应视为来源于一国的所得，如其任职或者受雇单位在中国境内，应为来源于中国境内的所得，如其任职或受雇单位在中国境外，应为来源于中国境外的所得。

在外商投资企业、外国企业和外国驻华机构工作的中方人员取得的工资、薪金收入，凡是由雇佣单位和派遣单位分别支付的，支付单位应依照《个人所得税法》的规定代扣代缴个人所得税。按照《个人所得税法》的规定，纳税义务人应以每月全部工资、薪金收入减除规定费用后的余额为应纳税所得额。为了有利于征管，对雇佣单位和派遣单位分别支付工资、薪金的，采取由支付者中的一方减除费用的方法，即只有雇佣单位在支付工资、薪金时，按税法规定减除费用，计算扣缴个人所得税；派遣单位支付的工资、薪金不再减除费用，以支付全额直接确定适用税率，计算扣缴个人所得税。上述纳税义务人，应持两处支付单位提供的原始明细工资、

薪金单（书）和完税凭证原件，选择并固定到一地税务机关申报每月工资、薪金收入，汇算清缴其工资、薪金收入的个人所得税，多退少补。具体申报期限，由各省、自治区、直辖市税务局确定。对外商投资企业、外国企业和外国驻华机构发放给中方工作人员的工资、薪金所得，应全额征税。但对可以提供有效合同或有关凭证，能够证明其工资、薪金所得的一部分按照有关规定上交派遣（介绍）单位的，可扣除其实际上交的部分，按其余额计征个人所得税。

法律法规依据

（1）《中华人民共和国个人所得税法》（1980 年 9 月 10 日第五届全国人民代表大会第三次会议通过，2011 年 6 月 30 日第十一届全国人民代表大会常务委员会第二十一次会议第六次修正）。

（2）《中华人民共和国个人所得税法实施条例》（1994 年 1 月 28 日中华人民共和国国务院令第 142 号发布，根据 2011 年 7 月 19 日《国务院关于修改〈中华人民共和国个人所得税法实施条例〉的决定》第三次修订）。

（3）《征收个人所得税若干问题的规定》（国家税务总局 1994 年 3 月 31 日发布，国税发〔1994〕89 号）。

税收筹划案例一

王先生 2014 年 3 月从单位获得工资 2 600 元，同时，他又到另一家互联网金融公司做兼职工作，合同约定兼职工作期限为 1 年，每月收入为 2 400元。合同没有约定王先生和互联网金融公司的关系，互联网金融公司以劳务报酬的形式为王先生代扣代缴个人所得税。请计算王先生每月应纳税额，并提出税收筹划方案。

王先生取得的劳务报酬每月应纳税额：$(2\ 400-800)\times 20\%=320$（元）。同时，王先生所在单位以工资、薪金所得的形式为王先生代扣代缴个人所得税。由于王先生工资收入低于 3 500 元，因此，每月应纳税额为

0。这样，王先生每月总共纳税320元。王先生经过询问税务师，根据其建议，修改其与互联网金融公司的合同，使二者为雇佣关系。由于王先生在两处获得工资、薪金所得，因此，他必须自己申报缴纳个人所得税。每月应纳税额：(2 400 +2 600 -3 500) ×3% =45(元)。经过税收筹划，王先生每月少缴个人所得税：320 -45 =275 (元)。

税收筹划案例二

赵先生2014年4月从单位获得工资60 000元，同时，他在另一家互联网金融公司做兼职法律顾问，每月获得收入25 000元。该公司以工资、薪金的形式为赵先生代扣代缴个人所得税。请计算赵先生每月应纳税额，并提出税收筹划方案。

赵先生在两处取得工资、薪金所得，应当合并缴纳个人所得税，而且应当自行纳税申报。应纳税额：(60 000 +25 000 -3 500) ×45% -13 505 =23 170(元)。赵先生可以考虑将其与另一家公司的关系变成劳务关系，这样，该公司就可以按照劳务报酬的方式为赵先生代扣代缴个人所得税。就该劳务报酬，赵先生每月应纳税额：25 000 ×(1 -20%) ×20% =4 000 (元)。就工资、薪金，赵先生每月应纳税额：(60 000 -3 500) ×35% -5 505 =14 270(元)。赵先生本月总共应当缴纳个人所得税：4 000 +14 270 =18 270 (元)。减轻税收负担：23 170 -18 270 =4 900 (元)。

2 平均发放工资薪金

税收筹划思路

个人所得税中的工资、薪金所得采用的是超额累进税率，税基越大，所适用的税率越高，因此，如果纳税人每月的收入有高有低，而且相差比较大，则可以考虑采取平均每月工资的方法来降低每月的收入额，这样，每次纳税所适用的税率就会降低，从而降低了所缴纳的税款。现实生活中，为鼓励员工努力工作，采取基本工资加提成方式发放报酬的单位越来越多，另外，还有些行业月份之间的营业额和收入额均不同，如果按照工作量来发放报酬，也会导致每月所发放工资多少不等，因此，这种平均多次所得进行税收筹划的方式，其适用范围会越来越广。

法律法规依据

（1）《中华人民共和国个人所得税法》（1980 年 9 月 10 日第五届全国人民代表大会第三次会议通过，2011 年 6 月 30 日第十一届全国人民代表大会常务委员会第二十一次会议第六次修正）。

（2）《中华人民共和国个人所得税法实施条例》（1994 年 1 月 28 日中华人民共和国国务院令第 142 号发布，根据 2011 年 7 月 19 日《国务院关于修改〈中华人民共和国个人所得税法实施条例〉的决定》第三次修订）。

税收筹划案例

某互联网金融公司采取基本工资加提成的方式为公司员工发放报酬。该公司某员工2014年全年每月工资如下（单位：元）：4 700、2 200、4 700、1 900、5 200、2 100、2 000、4 400、4 000、2 400、5 700、8 500。请计算该员工2014年度全年应当缴纳的个人所得税，并提出税收筹划方案。

该员工2014年度应纳税额：[（4 700－3 500）×3%]＋[（4 700－3 500）×3%]＋[（5 200－3 500）×10%－105]＋[（4 400－3 500）×3%]＋[（4 000－3 500）×3%]＋[（5 700－3 500）×10%－105]＋[（8 500－3 500）×20%－555]＝739（元）。

如果该公司年初采纳税务师的税收筹划方案，则首先估计该员工2014年度每月的平均工资（可以按照2013年度实际发放的工资来估计），假设为3 800元，最后一个月再根据该员工的实际应得工资予以多退少补。在本案例中，如果每月发放3 800元工资，则最后一个月发6 000元工资。经过税收筹划，该员工2014年度应纳税额：[（3 800－3 500）×3%]×11＋[（6 000－3 500）×10%－105]＝244（元）。

经过税收筹划，该员工2014年度少缴个人所得税：739－244＝495（元）。如果该企业有1 000名员工，经过这种税收筹划，该企业的员工一年少缴个人所得税49.5万元，是一笔相当可观的收入。

3 年终奖金发放的税收筹划方案

税收筹划思路

根据《国家税务总局关于调整个人取得全年一次性奖金等计算征收个人所得税方法问题的通知》（国税发〔2005〕9号）的规定，全年一次性奖金是指行政机关、企事业单位等扣缴义务人根据其全年经济效益和对雇员全年工作业绩的综合考核情况，向雇员发放的一次性奖金。上述一次性奖金也包括年终加薪、实行年薪制和绩效工资办法的单位根据考核情况兑现的年薪和绩效工资。

纳税人取得全年一次性奖金，单独作为一个月工资、薪金所得计算纳税，并按以下计税办法，由扣缴义务人发放时代扣代缴。

（1）先将雇员当月内取得的全年一次性奖金，除以12个月，按其商数确定适用税率和速算扣除数。如果在发放年终一次性奖金的当月，雇员当月工资、薪金所得低于税法规定的费用扣除额，应将全年一次性奖金减除“雇员当月工资、薪金所得与费用扣除额的差额”后的余额，按上述办法确定全年一次性奖金的适用税率和速算扣除数。

（2）将雇员个人当月内取得的全年一次性奖金，按上述第（1）项确定的适用税率和速算扣除数计算征税，计算公式如下。

①如果雇员当月工资、薪金所得高于（或等于）税法规定的费用扣除额的，适用公式为：

应纳税额 = 雇员当月取得全年一次性奖金 × 适用税率 − 速算扣除数

②如果雇员当月工资、薪金所得低于税法规定的费用扣除额的，适用公式为：

应纳税额 =（雇员当月取得全年一次性奖金 − 雇员当月工资、薪金所得与费用扣除额的差额）× 适用税率 − 速算扣除数

在一个纳税年度内，对每一个纳税人，该计税办法只允许采用一次。实行年薪制和绩效工资的单位，个人取得年终兑现的年薪和绩效工资按前述规定执行。雇员取得除全年一次性奖金以外的其他各种名目奖金，如半年奖、季度奖、加班奖、先进奖、考勤奖，一律与当月工资、薪金收入合并，按税法规定缴纳个人所得税。对无住所个人取得上述各种名目奖金的，如果该个人当月在我国境内没有纳税义务，或者该个人由于出入境原因导致当月在我国工作时间不满一个月的，仍按照《国家税务总局关于在我国境内无住所的个人取得奖金征税问题的通知》（国税发〔1996〕183 号）计算纳税。具体计算方法如下：对上述个人取得的奖金，可单独作为一个月的工资、薪金所得计算纳税。由于对每月的工资、薪金所得计税时已按月扣除了费用，因此，对上述奖金不再减除费用，全额作为应纳税所得额直接按适用税率计算应纳税款。上述个人应在取得奖金月份的次月 15 日内申报纳税。

纳税人可以利用这里的规定，恰当选择奖金的发放方法，以减轻税收负担。

法律法规依据

（1）《中华人民共和国个人所得税法》（1980 年 9 月 10 日第五届全国人民代表大会第三次会议通过，2011 年 6 月 30 日第十一届全国人民代表大会常务委员会第二十一次会议第六次修正）。

（2）《中华人民共和国个人所得税法实施条例》（1994 年 1 月 28 日中

华人民共和国国务院令第142号发布，根据2011年7月19日《国务院关于修改〈中华人民共和国个人所得税法实施条例〉的决定》第三次修订）。

（3）《国家税务总局关于调整个人取得全年一次性奖金等计算征收个人所得税方法问题的通知》（国家税务总局2005年1月21日发布，国税发〔2005〕9号）。

（4）《国家税务总局关于在我国境内无住所的个人取得奖金征税问题的通知》（国家税务总局1996年10月14日发布，国税发〔1996〕183号）。

税收筹划案例一

2014年度某实行年薪制的个人年薪为180 000元，每月依法可扣除的基本养老保险费、基本医疗保险费、失业保险费和住房公积金共计为1 000元，假定其个人所得税的纳税方案是每月按平均额发放。请计算其全年应当缴纳的个人所得税，并提出税收筹划方案。

根据上述纳税方案，该个人月均所得额15 000元（即180 000 ÷ 12），月均应纳税所得额10 500元（即15 000 − 3 500 − 1 000）（适用25%的税率），月均应纳个人所得税1 620元（即10 500 × 25% − 1 005），则全年需缴纳个人所得税19 440元。

该个人可以考虑如下方案：每月先发放部分只适用3%的薪金，其余部分年末一次发放。这样，月所得额：3 500 + 1 000 + 1 500 = 6 000（元），全年应纳个人所得税：1 500 × 3% × 12 = 540（元），年终一次性奖励部分：180 000 − 6 000 × 12 = 108 000（元），108 000 ÷ 12 = 9 000（元）（适用20%的税率），应纳个人所得税：108 000 × 20% − 555 = 21 045（元）。则全年需缴纳个人所得税21 585元。这种方案加重了纳税人的税收负担。

再考虑如下方案：每月先发放部分只适用10%的薪金，其余部分年末一次发放。这样，该个人的月所得额：3 500 + 1 000 + 4 500 = 9 000（元），全年应纳个人所得税：（4 500 × 10% − 105）× 12 = 4 140（元），年终一次性奖励部分：180 000 − 9 000 × 12 = 72 000（元），72 000 ÷ 12 = 6 000（元）

（适用 20% 的税率），应纳个人所得税：72 000 × 20% － 555 = 13 845（元）。则全年需缴纳个人所得税 17 985 元。这种方案比前一方案以及案例中的纳税方案的税收负担都有所降低。

再考虑如下方案：按照10%的税率设计年终奖，则年终奖：4 500 × 12 = 54 000（元）。剩余工资：180 000 － 54 000 = 126 000（元），月工资：126 000 ÷ 12 = 10 500（元）。每月缴纳个人所得税：（10 500 － 3 500 － 1 000） × 20% － 555 = 645（元）。全年缴纳个人所得税：645 × 12 = 7 740（元）。年终奖缴纳个人所得税：54 000 × 10% － 105 = 5 295（元）。全年缴纳个人所得税 13 035 元。这是税负最轻的工资发放方案。

税收筹划案例二

2014 年度某互联网金融企业员工刘某每月基本工资为 5 000 元，年末确定刘某的奖金为 36 000 元。刘某选择按月平均发放奖金的方式，即每月发放奖金 3 000 元。请计算刘某全年应当缴纳的个人所得税，并提出税收筹划方案。

根据刘某选择的纳税方案，月应纳税所得额：5 000 + 3 000 － 3 500 = 4 500（元）（适用税率为 10%）。月应纳所得税额：4 500 × 10% － 105 = 345（元）。全年应纳所得税额：345 × 12 = 4 140（元）。

刘某可以考虑如下纳税方案：年中 7 月发放一次半年奖金 10 000 元，年末再发放全年一次性奖金 26 000 元。除 7 月以外，各月应纳税所得额：5 000 － 3 500 = 1 500（元）（适用税率为 3%），除 7 月以外，各月应纳所得税额：1 500 × 3% = 45（元）。7 月应纳税所得额：5 000 + 10 000 － 3 500 = 11 500（元）（适用税率为 25%），7 月应纳所得税额：11 500 × 25% － 1 005 = 1 870（元）。年终奖金各月平均：26 000 ÷ 12 = 2 167（元）（适用税率为 10%），年终奖金应纳所得税额：26 000 × 10% － 105 = 2 495（元）。刘某全年应纳所得税额：45 × 11 + 1 870 + 2 495 = 4 860（元）。该纳税方案的税收负担高于刘某自己选择的纳税方案，本方案不可取。由此可见，企业尽量不要发放除年终奖以外的其他各类期间性奖金，如半年奖、季度奖等。

刘某还可以考虑如下纳税方案：年终一次性发放奖金36 000元。每月应纳税所得额：5 000 − 3 500 = 1 500（元）（适用税率为3%），每月应纳所得税额：1 500 × 3% = 45（元）。年终奖金各月平均：36 000 ÷ 12 = 3 000（元）（适用税率为10%），年终奖金应纳所得税额：36 000 × 10% − 105 = 3 495（元）。刘某全年应纳所得税额：45 × 12 + 3 495 = 4 035（元）。该纳税方案的税收负担低于刘某自己选择的纳税方案：4 140 − 4 035 = 105（元）。本方案可取。

刘某还可以考虑如下纳税方案：每月随同工资一起发放奖金1 500元，剩余的18 000元作为年终奖金一次性发放。每月应纳税所得额：5 000 + 1 500 − 3 500 = 3 000（元）（适用税率为10%），每月应纳所得税额：3 000 × 10% − 105 = 195（元）。年终奖金：18 000 ÷ 12 = 1 500（元）（适用税率为3%），年终奖金应纳所得税额：18 000 × 3% = 540（元）。刘某全年应纳所得税额：195 × 12 + 540 = 2 880（元）。该纳税方案的税收负担低于刘某自己选择的纳税方案：4 140 − 2 880 = 1 260（元）。本方案是上述四种方案中税负最轻的一种，是最佳的纳税方案。该方案之所以税负最轻，是因为在该方案中，18 000元的奖金适用了比较低的税率。

4 工资奖金最佳搭配方案

税收筹划思路

纳税人可以把工资和奖金结合起来进行发放，以最大限度地降低纳税人所承担的个人所得税。工资奖金结合进行税收筹划的基本思路是，尽量将每一元的所得都适用比较低的税率。我们可以这样设想，将所有的所得全部转化成一元硬币，有些硬币国家可以不征税，即每月 3 500 元的部分。我们先把这些不征税的硬币拿回家。其余硬币国家必须征税，当然，征税比例有高有低，关键看你的硬币处于什么位置。以年为单位来考虑工资发放方案，12 个月可以简化为 12 个筐，年终奖可以作为第 13 个筐。这些筐都是用来放硬币的，国家征税的基本原则是“枪打出头鸟”，即谁站得高，税就要适用高税率。因此，我们应该用最低的税率将这些硬币拿回家。首先设计全部适用3%税率的筐，这样，前 12 个筐，每个筐可以装 1 500 元，第 13 个筐可以装 18 000 元。因此，应纳税所得额在 36 000 元范围内的，可以用这种方法发放，这样，每个硬币仅仅被国家拿走 3%，最大限度地节税了。

如果所得较多，则进一步采取上述思路进行硬币分配，只是在分配硬币时应当注意年终奖适用的税率实际上是全额累进，仅一个月的所得适用了超额累进税率，因此，如果在第13个筐加入一个硬币，此时整筐的所得都要适用10%的税率，不可取，应当尽量将硬币往前12个筐里装，因为每加入一个硬币，仅仅这个硬币适用10%的税率，并不会连累其他硬币，其他硬币仍然适用3%的税率。因此，前12个筐，每个筐最多可以装到4 500个硬币，此时，我们就保证了最多的硬币适用3%的税率，最少的硬币适用10%的税率。应纳税所得额在72 000元范围内的可以适用这种方法。

如果所得进一步增加，则首先将硬币放入前12个筐，此时适用的税率为20%。如果放入第13个筐，虽然该硬币适用10%的税率，但会带动其余18 000元硬币全部适用10%的税率，这是不划算的。但是如果硬币的数量达到一定程度，我们就会发现，将硬币放入第13个筐会比放入前面12个筐更加节税。

当纳税人一次性发放较高的奖金时，可以考虑将部分奖金作为当月的工资予以发放，这样可以降低奖金所适用的税率，减轻税收负担。

法律法规依据

（1）《中华人民共和国个人所得税法》（1980年9月10日第五届全国人民代表大会第三次会议通过，2011年6月30日第十一届全国人民代表大会常务委员会第二十一次会议第六次修正）。

（2）《中华人民共和国个人所得税法实施条例》（1994年1月28日中华人民共和国国务院令第142号发布，根据2011年7月19日《国务院关于修改〈中华人民共和国个人所得税法实施条例〉的决定》第三次修订）。

（3）《国家税务总局关于调整个人取得全年一次性奖金等计算征收个人所得税方法问题的通知》（国家税务总局2005年1月21日发布，国税发〔2005〕9号）。

税收筹划案例一

某互联网金融公司员工张某预计2014年度的每月工资为8 400元（不

包括可以税前扣除的“三险一金”），全年工资100 800元。按照税法规定每月应当缴纳个人所得税：（8 400 - 3 500）×20% - 555 = 425（元）。全年应当缴纳个人所得税：425×12 = 5 100（元）。请对张某设计一个最佳纳税方案。

根据前文所表述的思路，张某现在已经有一些所得适用20%和10%的税率。如果将这部分所得放入年终奖，可以适用3%的税率。我们先将年终奖设定为18 000元。此时全部年终奖都适用3%的税率，应纳税额：18 000×3% = 540（元）。每月工资降低：8 400 - 1 500 = 6 900（元）。每月应纳税额：（6 900 - 3 500）×10% - 105 = 235（元），全年应纳税额：235×12 = 2 820（元）。合计纳税：540 + 2 820 = 3 360（元）。节税额：5 100 - 3 360 = 1 740（元）。此时，如果我们将每月工资中适用10%税率的所得放入年终奖，一方面不会降低这部分所得的税率，而且会带动其余18 000元年终奖适用10%的税率，税负一定会增加。因此，这就是最节税的工资发放方案，不需要再调整工资与年终奖的数量。

税收筹划案例二

某互联网金融公司李总年薪100万元，其中“三险一金”5万元，请设计最佳工资年终奖发放方案。

首先计算年应纳税所得额：100 - 5 - 4.2 = 90.8（万元）。测算大体适用税率：908 000 ÷ 24 = 37 833（元），适用30%的税率。现将年终奖降低一个税率级次，即年终奖适用25%税率，年终奖可以容纳的所得：3.5×12 = 42（万元）。月应纳税所得额：（90.8 - 42）÷ 12 = 4.0667（万元）。每月纳税：40 667×30% - 2 755 = 9 445（元）。年终奖纳税：420 000×25% = 10 500（元）。合计纳税：9 445×12 + 10 500 = 123 840（元）。如果平均发放年薪，月工资：90.8 ÷ 12 = 7.566 7（万元）。年纳税：（75 667×35% - 5 505）×12 = 251 741（元）。节税额：251 741 - 123 840 = 127 901（元）。

5 避免超额发放年终奖的恶果

税收筹划思路

表 5－2 展示了年终奖税负增长速度大于收入增长速度的范围，纳税人的年终奖最好不要位于年终奖收入增长慢于税负增长的范围内。

表 5－2　年终奖税负增长速度大于收入增长速度范围表

单位：元

级数	奖金收入级距	适用税率（%）	年终奖收入增长慢于税负增长的范围
1	不超过 18 000	3	—
2	18 000～54 000	10	18 000～19 283. 33
3	54 000～108 000	20	54 000～60 187. 50
4	108 000～420 000	25	108 000～114 600
5	420 000～660 000	30	420 000～447 500
6	660 000～960 000	35	660 000～706 538. 46
7	960 000 以上	45	960 000～1 120 000

法律法规依据

（1）《中华人民共和国个人所得税法》（1980 年 9 月 10 日第五届全国人民代表大会第三次会议通过，2011 年 6 月 30 日第十一届全国人民代表大会常务委员会第二十一次会议第六次修正）。

（2）《中华人民共和国个人所得税法实施条例》（1994 年 1 月 28 日中华人民共和国国务院令第 142 号发布，根据 2011 年 7 月 19 日《国务院关于修改〈中华人民共和国个人所得税法实施条例〉的决定》第三次修订）。

（3）《国家税务总局关于调整个人取得全年一次性奖金等计算征收个人所得税方法问题的通知》（国家税务总局2005 年1 月21 日发布，国税发〔2005〕9 号）。

税收筹划案例

2014 年度北京某互联网金融公司年终发放奖金，其中该公司的总经理刘某获得奖金 98 万元，该公司的副总经理张某获得奖金 96 万元，发放奖金当月，两人的工资均为 1 万元（不考虑可以税前扣除的“三险一金”）。请分别计算刘某和张某该月的税后所得，并提出税收筹划方案。

首先计算刘某年终奖金应当适用的税率。年终奖各月平均为 81 667 元（即 980 000 ÷ 12），应当适用 45% 的税率。该笔奖金应当缴纳个人所得税：980 000 × 45% － 13 505 = 427 495（元）。该月工资、薪金应当缴纳个人所得税：（10 000 － 3 500）× 20% － 555 = 745（元）。该月合计缴纳个人所得税：427 495 + 745 = 428 240（元）。刘某该月税后所得：980 000 + 10 000 － 428 240 = 561 760（元）。

再计算张某年终奖金应当适用的税率。年终奖各月平均为 80 000 元（即 960 000 ÷ 12），应当适用 35% 的税率。该笔奖金应当缴纳个人所得税：960 000 × 35% － 5 505 = 330 495（元）。该月工资、薪金应当缴纳个人所得税：（10 000 － 3 500）× 20% － 555 = 745（元）。该月合计缴纳个人所得税：330 495 + 745 = 331 240（元）。张某该月税后所得：960 000 + 10 000 － 331 240 = 638 760（元）。

由此可见，刘某虽然获得的奖金数额超过了张某，但其税后所得却比张某少了 7.7 万元。导致这一奇怪现象的主要原因是刘某的年终奖金适用的税率过高。税收筹划的方法就是将刘某的部分奖金作为工资与当月工资一起发放，即刘某年终奖金调整为960 000元，另20 000元计入当月工资，这样，刘某的税前所得没有发生变化。其年终奖金应当缴纳个人所得税：960 000×35% −5 505 =330 495（元）。该月工资、薪金应当缴纳个人所得税：（30 000 −3 500）×25% −1 005 =5 620（元）。该月合计缴纳个人所得税：330 495 +5 620 =336 115（元）。刘某该月税后所得：960 000 +30 000 −336 115 =653 885（元）。由此，可减轻税收负担：428 240 −336 115 =92 125（元）。

6 股票期权发放的税收筹划方案

税收筹划思路

根据现行的个人所得税政策，实施股票期权计划企业授予该企业员工的股票期权所得，应按《个人所得税法》及其实施条例有关规定征收个人所得税。

企业员工股票期权（以下简称“股票期权”）是指上市公司按照规定的程序授予本公司及其控股企业员工的一项权利，该权利允许被授权员工在未来时间内以某一特定价格购买本公司一定数量的股票。

上述“某一特定价格”被称为“授予价”或“施权价”，即根据股票期权计划可以购买股票的价格，一般为股票期权授予日的市场价格或该价格的折扣价格，也可以是按照事先设定的计算方法约定的价格。“授予日”，也称“授权日”，是指公司授予员工上述权利的日期。“行权”，也称“执行”，是指员工根据股票期权计划选择购买股票的过程。员工行使上述权利的当日为“行权日”，也称“购买日”。

员工接受实施股票期权计划企业授予的股票期权时，除另有规定外，一般不作为应税所得征税。员工行权时，其从企业取得股票的实际购买价（施权价）低于购买日公平市场价（指该股票当日的收盘价，下同）的差额，是因员工在企业的表现和业绩情况而取得的与任职、受雇有关的所得，应按“工资、薪金所得”适用的规定计算缴纳个人所得税。

对因特殊情况，员工在行权日之前将股票期权转让的，以股票期权的转让净收入，作为工资、薪金所得征收个人所得税。“股票期权的转让净收入”，一般是指股票期权转让收入。如果员工以折价购入方式取得股票期权的，可以股票期权转让收入扣除折价购入股票期权时实际支付的价款后的余额，作为股票期权的转让净收入。

员工行权日所在期间的工资、薪金所得，应按下列公式计算工资、薪金应纳税所得额：

股票期权形式的工资、薪金应纳税所得额 =（行权股票的每股市场价 - 员工取得该股票期权支付的每股施权价）× 股票数量

“员工取得该股票期权支付的每股施权价”，一般是指员工行使股票期权购买股票实际支付的每股价格。如果员工以折价购入方式取得股票期权的，上述施权价可包括员工折价购入股票期权时实际支付的价格。

员工将行权后的股票再转让时获得的高于购买日公平市场价的差额，是因个人在证券二级市场上转让股票等有价证券而获得的所得，应按照“财产转让所得”适用的征免规定计算缴纳个人所得税。目前不需要缴纳个人所得税。

员工因拥有股权而参与企业税后利润分配取得的所得，应按照“利息、股息、红利所得”适用的规定计算缴纳个人所得税。

员工因参加股票期权计划而从中国境内取得的所得，按上述规定应按工资、薪金所得计算纳税的，对该股票期权形式的工资、薪金所得可区别于所在月份的其他工资、薪金所得，单独按下列公式计算当月应纳税额：

当月应纳税额 =（股票期权形式的工资、薪金应纳税所得额/规定月份数 × 适用税率 - 速算扣除数）× 规定月份数

上述公式中的规定月份数，是指员工取得来源于中国境内的股票期权形式工资、薪金所得的境内工作期间月份数，长于 12 个月的，按 12 个月计算；上述公式中的适用税率和速算扣除数，以股票期权形式的工资、薪

金应纳税所得额除以规定月份数后的商数，可参照表5-1个人所得税税率表一。

对于员工转让股票等有价证券取得的所得，应按现行税法和政策规定征免个人所得税。即个人将行权后的境内上市公司股票再行转让而取得的所得，暂不征收个人所得税；个人转让境外上市公司的股票而取得的所得，应按税法的规定计算应纳税所得额和应纳税额，依法缴纳税款。

员工因拥有股权参与税后利润分配而取得的股息、红利所得，除依照有关规定可以免税或减税的外，应全额按规定税率计算纳税。

凡取得股票期权的员工在行权日不实际买卖股票，而按行权日股票期权所指定股票的市场价与施权价之间的差额，直接从授权企业取得价差收益的，该项价差收益应作为员工取得的股票期权形式的工资、薪金所得，按照上述有关规定计算缴纳个人所得税。

由于股票期权收益可与当期其他工资、薪金所得分开单独计税，使纳税人得到又一次适用较低税率的机会，故有条件的上市公司应该尽量采用此种方式。从我国税收法律法规的有关规定可以看出，由于股票期权在行权时征税，而卖出股票时暂免征税，因此，应尽可能在该股票市价较低时行权，市价较高时再卖出股票，以享受降低税负的好处。计税分摊的最长期限是12个月，因此，按一年一期设计股票期权会使纳税人在其他条件相同的情况下，税负最轻。

法律法规依据

（1）《中华人民共和国个人所得税法》（1980年9月10日第五届全国人民代表大会第三次会议通过，2011年6月30日第十一届全国人民代表大会常务委员会第二十一次会议第六次修正）。

（2）《中华人民共和国个人所得税法实施条例》（1994年1月28日中华人民共和国国务院令第142号发布，根据2011年7月19日《国务院关于修改〈中华人民共和国个人所得税法实施条例〉的决定》第三次修订）。

（3）《财政部　国家税务总局关于个人股票期权所得征收个人所得税

问题的通知》（财政部　国家税务总局 2005 年 3 月 28 日发布，财税〔2005〕35 号）。

（4）《国家税务总局关于个人股票期权所得缴纳个人所得税有关问题的补充通知》（国家税务总局 2006 年 9 月 30 日发布，国税函〔2006〕902 号）。

税收筹划案例

2013 年 1 月 31 日北京某上市公司实行企业员工股票期权计划，张先生在该计划中获得了 10 000 股股票的期权，授权日股票价格为每股 10 元，张先生可以以 10 元的价格在一年以后（2014 年 1 月 31 日）购买 10 000 股该公司的股票。2014 年 1 月 31 日，该股票的市场价格为 20 元，2014 年 5 月 31 日，该股票的市场价格为 30 元，当天，张先生以 10 元的价格购买了该公司 1 000 股股票。请计算张先生应当缴纳多少个人所得税，并提出税收筹划方案。

根据上述规定，张先生应当在 2014 年 5 月 31 日行权日按照工资、薪金所得缴纳个人所得税。所得的数额等于行权日股票的市场价格与张先生施权价之间的差额，该差额：(30 - 10) × 10 000 = 200 000(元)。由于张先生持有期权的期间为 15 个月，“规定月份数”应当为 12。因此，应当将该工资、薪金数额除以 12 来判断应当适用的税率：200 000 ÷ 12 = 16 667(元)。适用 25% 的税率，应纳税额：(200 000 ÷ 12 × 25% - 1 005) × 12 = 37 940(元)。张先生应当缴纳 37 940 元的个人所得税。该税款由张先生所在公司在行权日（2014 年 5 月 31 日）代扣代缴。如果张先生在 2014 年 1 月 31 日行权，则张先生的工资、薪金所得：(20 - 10) × 10 000 = 100 000(元)。规定月份数仍然为 12：100 000 ÷ 12 = 8 333(元)。适用 20% 的税率，应纳税额：(100 000 ÷ 12 × 20% - 555) × 12 = 13 340(元)。张先生在 2014 年 5 月 31 日可以将该股票转让，获得财产转让所得：(30 - 20) × 10 000 = 100 000(元)。该 100 000 元根据现行的个人所得税政策，不需要缴纳个人所得税。通过税收筹划，张先生减轻税收负担：37 940 - 13 340 = 24 600(元)。当然，张先生可以继续持有该股票，等到其愿意转让时再转让。

7 工资奖金股票期权联合税收筹划方案

税收筹划思路

年终奖和股票期权所得都是单独计算个人所得税的，因此，相当于给纳税人提供了第13个月的工资与第14个月的工资，纳税人应当充分利用该税收政策来进行税收筹划。工资、年终奖和股票期权所得结合进行税收筹划的基本思路是，将年薪在三种所得之间进行合理分配，首先确保三种所得所适用的边际税率是相同的，其次考虑降低年终奖适用的税率，与上一方案比较是否节税，如果节税，可以继续降低年终奖适用的税率，直到不节税为止。

法律法规依据

（1）《中华人民共和国个人所得税法》（1980年9月10日第五届全国人民代表大会第三次会议通过，2011年6月30日第十一届全国人民代表大会常务委员会第二十一次会议第六次修正）。

（2）《中华人民共和国个人所得税法实施条例》（1994年1月28日中华人民共和国国务院令第142号发布，根据2011年7月19日《国务院关于修改〈中华人民共和国个人所得税法实施条例〉的决定》第三次修订）。

（3）《国家税务总局关于调整个人取得全年一次性奖金等计算征收个人所得税方法问题的通知》（国家税务总局2005年1月21日发布，国税发〔2005〕9号）。

（4）《财政部　国家税务总局关于个人股票期权所得征收个人所得税问题的通知》（财政部　国家税务总局2005年3月28日发布，财税〔2005〕35号）。

（5）《国家税务总局关于个人股票期权所得缴纳个人所得税有关问题的补充通知》（国家税务总局2006年9月30日发布，国税函〔2006〕902号）。

税收筹划案例

某上市互联网金融公司老总年薪364.2万元（不考虑“三险一金”）。该公司老总应该如何发放该笔年薪才能取得最佳的节税效果？

方案一：该老总年应纳税所得额：364.2－4.2＝360（万元）。按月平均发放工资30万元。在这一方案下，每月应纳税额：300 000×45%－13 505＝121 495（元）；全年应纳税额：121 495×12＝1 457 940（元）。

方案二：测算大体适用税率：360÷36＝10（万元），适用45%的税率。按月平均发放工资10万元，年终奖120万元，12个月的股票期权所得120万元。在这一方案下，每月应纳税额：100 000×45%－13 505＝31 495（元）；年终奖应纳税额：1 200 000×45%－13 505＝526 495（元）；股票期权所得应纳税额：（1 200 000÷12×45%－13 505）×12＝377 940（元）；全年应纳税额：31 495×12＋526 495＋377 940＝1 282 375（元）；与方案一相比节税额：1 457 940－1 282 375＝175 565（元）。

方案三：将年终奖适用税率降低一级，将部分年终奖转为工资。按月平均发放工资12万元，年终奖96万元，12个月的股票期权所得120万元。在这一方案下，每月应纳税额：120 000×45%－13 505＝40 495（元）；年终奖应纳税额：960 000×35%－5 505＝330 495（元）；股票期权所得应纳税额：（1 200 000÷12×45%－13 505）×12＝377 940（元）；全年应纳税额：40 495 × 12 + 330 495 + 377 940 = 1 194 375（元）；与方案二相比节税额：1 282 375 − 1 194 375 = 88 000（元）；与方案一相比节税额：1 457 940 − 1 194 375 = 263 565（元）。

8

东航返航事件凸显个税筹划的重要性

税收筹划案例

2008 年 3 月 31 日，东方航空云南分公司执飞昆明至迪庆、大理、丽江、西双版纳、文山、思茅、芒市等地共有 18 个航班先后返航。4 月 16 日，民航局认为，此次返航事件，主要是东航云南分公司少数飞行人员无视旅客权益所造成的一起非技术原因的返航事件，对东航做出处罚决定。

云南飞行员上缴个税要突然增加 20% ~30% 一事，是此次返航事件的导火索。正是在 3 月 31 日这天——飞行员们申报 2007 年飞行小时费的最后一天——飞行员们选择了返航。

此前，云南分公司空勤人员的飞行小时费是按 8% 的税率核定计算缴纳的，2006 年，云南地税局开始要求公司必须将飞行小时费并入工资薪金一并计算个税，并三次下达整改通知。后经双方协调，2006 年不再补税，但是，2007 年的空勤人员小时费则要求在 2008 年 3 月 31 日前申报，4 月 7 日前补缴。

2006 年 3 月，云南一位副省长曾带队到东航上海总部谈判，拿出云南省政府和东航联合持股云南航空的具体方案，希望飞机能重新挂回“孔雀”航徽。但是，东航似乎对这一方案毫无兴趣。补税，也可以说是地方上点了火。

假设某机长月基本工资为8 000元（“三险一金”为1 000元），平均每月小时费为30 000元。工资纳税：（8 000 - 1 000 - 2 000）×15% - 125 =625。小时费纳税：30 000×8% =2 400（元）。税收负担：（625 +2 400）÷38 000×100% =7.9%。并入工资纳税：（38 000 - 1 000 - 2 000）×25% -1 375 =7 375(元)。税收负担：7 375÷38 000×100% =19.4%。请提出税收筹划方案。(由于该案发生在2008年，因此，仍然按照2008年适用的个人所得税税率表和费用扣除标准来计算。)

方案一：维持现状。全年总收入为45.6万元；纳税总额为88 500元；税负为19.4%。

方案二：工资与年终奖搭配。应纳税所得额：45.6 - 2.4 - 1.2 =42（万元）。测算税率：420 000÷24 =17 500（元）。接近20 000元，工资为20%税率，工资24万元。工资纳税：（20 000×20% -375）×12 =43 500（元）。年终奖纳税:180 000×20% -375 =35 625(元)。合计纳税79 125元；税负为17.35%。

方案三：工资、年终奖、股票期权搭配。应纳税所得额42万元。测算税率：420 000÷36 =11 667（元）。税率为20%；位置居中；年终奖15%税率，6万元；工资24万元；股票期权12万元。工资纳税：（20 000×20% -375）×12 =43 500(元)。年终奖纳税：60 000×15% -125 =8 875（元）。股票期权纳税：（120 000÷12×20% -375）×12 =19 500(元)。合计纳税71 875元（即43 500 +8 875 +19 500）；税负15.76%。

第6章

互联网金融企业重组清算税收筹划与案例分析

1 企业债务重组的税收筹划

税收筹划思路

根据《财政部 国家税务总局关于企业重组业务企业所得税处理若干问题的通知》（财税〔2009〕59号）的规定，债务重组是指在债务人发生财务困难的情况下，债权人按照其与债务人达成的书面协议或者法院裁定书，就其债务人的债务做出让步的事项。

一般情况下，企业债务重组的相关交易应按以下规定处理：（1）以非货币资产清偿债务，应当分解为转让相关非货币性资产、按非货币性资产公允价值清偿债务两项业务，确认相关资产的所得或损失。（2）发生债权转股权的，应当分解为债务清偿和股权投资两项业务，确认有关债务清偿所得或损失。（3）债务人应当按照支付的债务清偿额低于债务计税基础的差额，确认债务重组所得；债权人应当按照收到的债务清偿额低于债权计税基础的差额，确认债务重组损失。（4）债务人的相关所得税纳税事项原则上保持不变。

在特殊企业债务重组税务处理方式下，企业债务重组确认的应纳税所得额占该企业当年应纳税所得额50%以上，可以在5个纳税年度的期间内，均匀计入各年度的应纳税所得额。

企业发生债权转股权业务，对债务清偿和股权投资两项业务暂不确认有关债务清偿所得或损失，股权投资的计税基础以原债权的计税基础确定。企业的其他相关所得税事项保持不变。

根据《企业重组业务企业所得税管理办法》的规定，发生债务重组所产生的应纳税所得额占该企业当年应纳税所得额50%以上的，债务重组所得要求在5个纳税年度的期间内，均匀计入各年度应纳税所得额的，应准备以下资料：当事方的债务重组的总体情况说明（如果采取申请确认的，应为企业的申请，下同），情况说明中应包括债务重组的商业目的；当事各方所签订的债务重组合同或协议；债务重组所产生的应纳税所得额、企业当年应纳税所得额情况说明；税务机关要求提供的其他资料证明。

发生债权转股权业务，债务人对债务清偿业务暂不确认所得或损失，债权人对股权投资的计税基础以原债权的计税基础确定，应准备以下资料：当事方的债务重组的总体情况说明，情况说明中应包括债务重组的商业目的；双方所签订的债转股合同或协议；企业所转换的股权公允价格证明；工商部门及有关部门核准相关企业股权变更事项证明材料；税务机关要求提供的其他资料证明。

企业债务重组包括应税债务重组、特殊债务重组与免税债务重组，特殊债务重组的条件是企业债务重组确认的应纳税所得额占该企业当年应纳税所得额50%以上，此时，可以在5个纳税年度的期间内，均匀计入各年度的应纳税所得额。由于这种税收优惠仅仅是延迟5年纳税，对企业的意义并不是很大。当然，如果企业必须采取这种方式进行债务重组，不妨设计条件享受上述税收优惠政策。

免税债务重组的条件是企业发生债权转股权业务，对债务清偿和股权投资两项业务暂不确认有关债务清偿所得或损失，股权投资的计税基础以原债权的计税基础确定。企业的其他相关所得税事项保持不变。企业在条件允许的情况下，应尽可能采取债权转股权的方式进行债务重组。

在应税债务重组中，企业以非货币资产清偿债务，应当分解为转让相关非货币性资产、按非货币性资产公允价值清偿债务两项业务，确认相关资产的所得或损失。发生债权转股权的，应当分解为债务清偿和股权投资两项业务，确认有关债务清偿所得或损失。债务人应当按照支付的债务清偿额低于债务计税基础的差额，确认债务重组所得；债权人应当按照收到的债务清偿额低于债权计税基础的差额，确认债务重组损失。

企业的债务重组同时符合下列条件的，才能适用特殊性税务处理规定：（1）具有合理的商业目的，且不以减少、免除或者推迟缴纳税款为主要目的；（2）被收购、合并或分立部分的资产或股权比例符合规定的比例；（3）企业重组后的连续 12 个月内不改变重组资产原来的实质性经营活动；（4）重组交易对价中涉及股权支付金额符合规定比例；（5）企业重组中取得股权支付的原主要股东，在重组后连续 12 个月内，不得转让所取得的股权。

法律法规依据

（1）《财政部　国家税务总局关于企业重组业务企业所得税处理若干问题的通知》（财政部　国家税务总局 2009 年 4 月 30 日发布，财税〔2009〕59 号）。

（2）《中华人民共和国企业所得税法》（2007 年 3 月 16 日第十届全国人民代表大会第五次会议通过，主席令第 63 号，自 2008 年 1 月 1 日起实施）第五十七条。

（3）《中华人民共和国企业所得税法实施条例》（国务院 2007 年 12 月 6 日颁布，国务院令第 512 号，自 2008 年 1 月 1 日起实施）。

（4）《企业重组业务企业所得税管理办法》（国家税务总局公告 2010 年第 4 号）。

税收筹划案例

甲公司欠乙公司 8 000 万元债务，甲公司和乙公司准备签署一项债务重组协议：甲公司用计税基础为 7 000 万元、公允价值为 8 000 万元的不动产抵偿乙公司的债务。在该交易中，甲公司和乙公司应当分别缴纳多少税款？应当如何进行税收筹划？

在该交易中，甲公司需要缴纳营业税及其附加：8 000×5.5% =440（万元）。甲公司需要缴纳企业所得税：（8 000 -7 000 -440）×25% =140（万元）。乙公司需要缴纳契税：8 000×3% =240（万元）。两个公司合计纳税：440 +140 +240 =820（万元）。如果乙公司将其债权转化为股权并且遵守特殊债务重组的其他条件，则甲公司和乙公司不需要缴纳任何税款，即使将来乙公司再将该股权转让给甲公司或者其他企业，也只需要缴纳企业所得税，不需要缴纳营业税和契税。（因印花税数额较小，对于节税方案不产生影响，本方案不予考虑。）

2

企业资产收购的税收筹划

税收筹划思路

根据《财政部　国家税务总局关于企业重组业务企业所得税处理若干问题的通知》（财税〔2009〕59号）的规定，资产收购是指一家企业（称为受让企业）购买另一家企业（称为转让企业）实质经营性资产的交易。受让企业支付对价的形式包括股权支付、非股权支付或两者的组合。

一般情况下，企业资产收购重组的相关交易应按以下规定处理：（1）转让企业应确认资产转让所得或损失；（2）受让企业取得资产的计税基础应以公允价值为基础确定；（3）转让企业的相关所得税事项原则上保持不变。

特殊资产收购的条件如下：（1）受让企业收购的资产不低于转让企业全部资产的75%；（2）受让企业在该资产收购发生时的股权支付金额不低于其交易支付总额的85%。

第一个条件是收购资产比例，第二个条件是支付股权比例。

特殊资产收购可以选择按以下规定处理：（1）转让企业取得受让企业股权的计税基础，以被转让资产的原有计税基础确定；（2）受让企业取得转让企业资产的计税基础，以被转让资产的原有计税基础确定。

根据《企业重组业务企业所得税管理办法》的规定，企业发生免税资产收购业务，应准备以下资料：①当事方的资产收购业务总体情况说明，情况说明中应包括资产收购的商业目的；②当事各方所签订的资产收购业务合同或协议；③评估机构出具的资产收购所体现的资产评估报告；④受让企业股权的计税基础的有效凭证；⑤证明重组符合特殊性税务处理条件的资料，包括资产收购比例，支付对价情况，以及12个月内不改变资产原来的实质性经营活动、原主要股东不转让所取得股权的承诺书等；⑥工商部门核准相关企业股权变更事项证明材料；⑦税务机关要求提供的其他材料证明。

企业资产收购分为应税资产收购和免税资产收购。在应税资产收购中，受让企业应确认股权、资产转让所得或损失。转让企业取得股权或资产的计税基础应以公允价值为基础确定。受让企业的相关所得税事项原则上保持不变。

免税资产收购的条件是：受让企业收购的资产不低于转让企业全部资产的75%，且受让企业在该资产收购发生时的股权支付金额不低于其交易支付总额的85%。在免税资产收购中，转让企业和受让企业都不需要缴纳企业所得税，转让企业取得受让企业股权的计税基础，以被转让资产的原有计税基础确定。受让企业取得转让企业资产的计税基础，以被转让资产的原有计税基础确定。

企业在资产收购中，在条件许可的情况下，应当尽量选择采取免税资产收购的形式。这样可以延迟缴纳所得税，在一定条件下，还可以免除缴纳企业所得税。

法律法规依据

（1）《中华人民共和国企业所得税法》（2007年3月16日第十届全国人民代表大会第五次会议通过，主席令第63号，自2008年1月1日起实施）。

（2）《中华人民共和国企业所得税法实施条例》（国务院2007年12月

6 日颁布，国务院令第512号，自2008年1月1日起实施）。

（3）《财政部　国家税务总局关于企业重组业务企业所得税处理若干问题的通知》（财政部　国家税务总局2009年4月30日发布，财税〔2009〕59号）。

（4）《企业重组业务企业所得税管理办法》（国家税务总局公告2010年第4号）。

税收筹划案例

甲公司准备用8 000万元现金收购乙公司的80%的资产。这些资产包括计税基础为2 000万元、公允价值为3 000万元的不动产及计税基础为5 500万元，公允价值为5 000万元的无形资产。在该交易中，甲公司和乙公司应当如何纳税？该交易如何进行税收筹划？

在上述交易中，乙公司应当缴纳营业税及其附加：（3 000 + 5 000）× 5.5% = 440（万元）。乙公司应当确认不动产转让所得：3 000 − 2 000 = 1 000（万元）。乙公司应当确认无形资产转让损失：5 500 − 5 000 = 500（万元）。乙公司应当缴纳企业所得税：（1 000 − 500 − 440）× 25% = 15（万元）。乙公司合计纳税：440 + 15 = 455（万元）。如果甲公司用自己的股权来收购乙公司的资产，则乙公司不需要缴纳任何税款。即使将来乙公司再将该股权转让给甲公司或者其他企业，也只需要缴纳企业所得税，不需要缴纳营业税。（因印花税数额较小，对于节税方案不产生影响，本方案不予考虑。）

3

企业股权收购税收筹划

税收筹划思路

根据《财政部　国家税务总局关于企业重组业务企业所得税处理若干问题的通知》（财税〔2009〕59号）的规定，股权收购，是指一家企业（称为收购企业）购买另一家企业（称为被收购企业）的股权，以实现对被收购企业控制的交易。收购企业支付对价的形式包括股权支付、非股权支付或两者的组合。

一般情况下，企业股权收购重组的相关交易应按以下规定处理：（1）被收购企业应确认股权转让所得或损失；（2）收购企业取得股权的计税基础应以公允价值为基础确定；（3）被收购企业的相关所得税事项原则上保持不变。

特殊股权收购的条件如下：（1）收购企业购买的股权不低于被收购企业全部股权的75%；（2）收购企业在该股权收购发生时的股权支付金额不低于其交易支付总额的85%。

第一个条件是收购股权比例，第二个条件是支付股权比例。

特殊股权收购可以选择按以下规定处理：（1）被收购企业的股东取得收购企业股权的计税基础，以被收购股权的原有计税基础确定；（2）收购企业取得被收购企业股权的计税基础，以被收购股权的原有计税基础确定；（3）收购企业、被收购企业的原有各项资产和负债的计税基础和其他相关所得税事项保持不变。

企业股权收购分为应税股权收购和免税股权收购。在应税股权收购中，被收购企业应确认股权、资产转让所得或损失，收购企业取得股权或资产的计税基础应以公允价值为基础确定，被收购企业的相关所得税事项原则上保持不变。

免税股权收购的条件是：收购企业购买的股权不低于被收购企业全部股权的75%，且收购企业在该股权收购发生时的股权支付金额不低于其交易支付总额的85%。在免税股权收购中，被收购企业的股东取得收购企业股权的计税基础，以被收购股权的原有计税基础确定，收购企业取得被收购企业股权的计税基础，以被收购股权的原有计税基础确定，收购企业、被收购企业的原有各项资产和负债的计税基础和其他相关所得税事项保持不变。

根据《企业重组业务企业所得税管理办法》的规定，企业发生免税股权收购业务，应准备以下资料：①当事方的股权收购业务总体情况说明，情况说明中应包括股权收购的商业目的；②双方或多方所签订的股权收购业务合同或协议；③由评估机构出具的所转让及支付的股权公允价值；④证明重组符合特殊性税务处理条件的资料，包括股权比例、支付对价情况，以及12个月内不改变资产原来的实质性经营活动和原主要股东不转让所取得股权的承诺书等；⑤工商等相关部门核准相关企业股权变更事项证明材料；⑥税务机关要求的其他材料。

企业在股权收购中，在条件许可的情况下，应当尽量选择采取免税股权收购的形式。这样可以延迟缴纳所得税，在一定条件下，还可以免除缴纳企业所得税。

法律法规依据

（1）《中华人民共和国企业所得税法》（2007年3月16日第十届全国

人民代表大会第五次会议通过，主席令第 63 号，自 2008 年 1 月 1 日起实施）。

（2）《中华人民共和国企业所得税法实施条例》（国务院 2007 年 12 月 6 日颁布，国务院令第 512 号，自 2008 年 1 月 1 日起实施）。

（3）《财政部　国家税务总局关于企业重组业务企业所得税处理若干问题的通知》（财政部　国家税务总局 2009 年 4 月 30 日发布，财税〔2009〕59 号）。

（4）《企业重组业务企业所得税管理办法》（国家税务总局公告 2010 年第 4 号）。

税收筹划案例一

甲公司准备用 8 000 万元现金收购乙公司的 80% 的股权。乙公司 80% 股权的计税基础为 4 000 万元。在该交易中，甲公司和乙公司应当如何纳税？该交易如何进行税收筹划？

在上述交易中，如果乙公司的股东是企业，应当缴纳企业所得税：(8 000 - 4 000) × 25% = 1 000(万元)。如果甲公司采取免税股权收购的方式取得乙公司的股权，可以向乙公司的股东支付本公司 10% 的股权（公允价值为 7 000 万元）以及 1 000 万元现金。由于股权支付额占交易总额的比例为：7 000 ÷ 8 000 = 87.5%，因此属于免税股权收购。乙公司的股东取得 1 000 万元非股权支付额，应当缴纳企业所得税：1 000 × 25% = 250（万元）。节税额为：1 000 - 250 = 750（万元）。乙公司可以在未来再将该股权转让给甲公司或者其他企业，这样可以取得延期纳税的利益。（因印花税数额较小，对于节税方案不产生影响，本方案不予考虑。）

税收筹划案例二

2009 年 6 月 5 日，江西诚志股份向石家庄永生华清与清华控股定向增发股票 2704 万股，以购买两家企业 100% 控股的石家庄永生华清液晶有限公司以及石家庄开发区永生华清液晶有限公司100%股权，两家控股企业初始投资成本为6 100万元（即标的公司的实收资本），定向增发价格按照诚志股份首次董事会审议前20个交易日的平均价格确定，其公允价值为34 671.58万元。

该项重组业务，是标准的股权收购，即上市公司诚志股份用自己的股份作为对价，购买两家控股企业持有的100%股权。如果选用特殊性税务处理：（1）石家庄永生华清和清华控股，暂不确认转让股权所得；（2）收购企业诚志股份取得的标的公司股权的计税基础按照其原计税基础6 100万元确定；（3）转让企业取得诚志股份股票的计税基础，也按照被收购股权的原有计税基础确定；（4）标的企业承诺自重组完成日起，12个月内不改变实质性经营业务；（5）取得诚志股份的原主要股东石家庄永生华清和清华控股承诺在12个月内不转让其取得的股票，这也是证监会对新增限售股的要求。

4 企业免税合并税收筹划

税收筹划思路

企业对外投资，既可以设立分支机构，也可以向其他企业贷款或者进行股权投资，同时，还可以考虑通过合并或者兼并进行投资。合并是指两个或两个以上的企业，依据法律规定或合同约定，合并为一个企业的法律行为。合并可以采取吸收合并和新设合并两种形式。吸收合并是指两个以上的企业合并时，其中一个企业吸收了其他企业而存续（对此类企业简称“存续企业”），被吸收的企业解散。新设合并是指两个以上企业并为一个新企业，合并各方解散。兼并是指一个企业购买其他企业的产权，使其他企业失去法人资格或改变法人实体的一种行为。合并、兼并，一般无须经清算程序。企业合并、兼并时，合并或兼并各方的债权、债务由合并、兼并后的企业或者新设的企业承继。

根据《财政部　国家税务总局关于企业重组业务企业所得税处理若干问题的通知》（财税〔2009〕59 号）的规定，合并是指一家或多家企业（简称“被合并企业”）将其全部资产和负债转让给另一家现存或新设企业（简称“合并企业”），被合并企业股东换取合并企业的股权或非股权支付，实现两个或两个以上企业的依法合并。一般情况下，企业合并的当事各方应按下列规定处理：①合并企业应按公允价值确定接受被合并企业各项资产和负债的计税基础；②被合并企业及其股东都应按清算进行所得税处理；③被合并企业的亏损不得在合并企业结转弥补。

企业重组同时符合下列条件的，适用特殊性税务处理规定：①具有合理的商业目的，且不以减少、免除或者推迟缴纳税款为主要目的；②被收购、合并或分立部分的资产或股权比例符合规定的比例；③企业重组后的连续12个月内不改变重组资产原来的实质性经营活动；④重组交易对价中涉及股权支付金额符合规定比例；⑤企业重组中取得股权支付的原主要股东，在重组后连续12个月内，不得转让所取得的股权。

企业股东在该企业合并发生时取得的股权支付金额不低于其交易支付总额的85%，以及同一控制下且不需要支付对价的企业合并，可以选择按以下规定处理：①合并企业接受被合并企业资产和负债的计税基础，以被合并企业的原有计税基础确定；②被合并企业合并前的相关所得税事项由合并企业承继；③可由合并企业弥补的被合并企业亏损的限额=被合并企业净资产公允价值×截至合并业务发生当年年末国家发行的最长期限的国债利率；④被合并企业股东取得合并企业股权的计税基础，以其原持有的被合并企业股权的计税基础确定。

根据《企业重组业务企业所得税管理办法》的规定，同一控制，是指参与合并的企业在合并前后均受同一方或相同的多方最终控制，且该控制并非暂时性的。能够对参与合并的企业在合并前后均实施最终控制权的相同多方，是指根据合同或协议的约定，对参与合并企业的财务和经营政策拥有决定控制权的投资者群体。在企业合并前，参与合并各方受最终控制方的控制在12个月以上，企业合并后所形成的主体在最终控制方的控制时间也应达到连续12个月。

企业发生免税合并，应准备以下资料：①当事方企业合并的总体情况说明，情况说明中应包括企业合并的商业目的；②企业合并的政府主管部门的批准文件；③企业合并各方当事人的股权关系说明；④被合并企业的净资产、各单项资产和负债及其账面价值和计税基础等相关资料；⑤证明重组符合特殊性税务处理条件的资料，包括合并前企业各股东取得股权支付比例情况，以及12个月内不改变资产原来的实质性经营活动、原主要股东不转让所取得股权的承诺书等；⑥工商部门核准相关企业股权变更事项证明材料；⑦主管税务机关要求提供的其他资料证明。

因此，企业在兼并亏损企业或者与亏损企业合并时，应当尽量满足特殊企业重组的条件，从而能够选择按照特殊企业重组进行税务处理。

当然，企业在选择投资方式时，还有很多因素需要考虑，如投资的风险、被投资企业的发展前景、被投资领域的发展前景，但是税收因素应该是一个重要的因素。恰当选择税收筹划方法，不仅可以获得同样有利的发展前景，而且可以为企业获得一笔可观的税收利益。

法律法规依据

（1）《财政部　国家税务总局关于企业重组业务企业所得税处理若干问题的通知》（财政部　国家税务总局2009年4月30日发布，财税〔2009〕59号）。

（2）《中华人民共和国企业所得税法》（2007年3月16日第十届全国人民代表大会第五次会议通过，主席令第63号，自2008年1月1日起实施）。

（3）《中华人民共和国企业所得税法实施条例》（国务院2007年12月6日颁布，国务院令第512号，自2008年1月1日起实施）。

（4）《企业重组业务企业所得税管理办法》（国家税务总局公告2010年第4号）。

税收筹划案例

甲公司与乙公司合并为新的甲公司，乙公司注销。甲公司向乙公司的股东——丙公司支付8 000万元现金，乙公司所有资产的计税基础为6 000万元，公允价值为8 000万元。请计算该企业合并的税收负担并提出筹划方案。

在上述交易中，乙公司需要进行清算，应当缴纳企业所得税：(8 000 - 6 000) × 25% = 500(万元)。丙公司从乙公司剩余资产中取得的股息部分可以免税，取得的投资所得部分需要缴纳25%的企业所得税。假设丙公司取得投资所得部分为1 000万元，则丙公司需要缴纳企业所得税：1 000 × 25% = 250（万元）。整个交易的税收负担：500 + 250 = 750（万元）。如果甲公司用自己的股权来收购乙公司的资产，即丙公司成为新甲公司的股东，则乙公司和丙公司不需要缴纳任何税款，即使将来丙公司再将该股权转让给甲公司或者其他企业，也能取得延期纳税的利益。（因印花税数额较小，对于节税方案不产生影响，本方案不予考虑。）

5

企业免税分立税收筹划

税收筹划思路

根据《财政部　国家税务总局关于企业重组业务企业所得税处理若干问题的通知》（财税〔2009〕59号）的规定，分立，是指一家企业（称为被分立企业）将部分或全部资产分离转让给现存或新设的企业（称为分立企业），被分立企业股东换取分立企业的股权或非股权支付，实现企业的依法分立。

一般情况下，企业分立的当事各方应按下列规定处理：（1）被分立企业对分立出去资产应按公允价值确认资产转让所得或损失；（2）分立企业应按公允价值确认接受资产的计税基础；（3）被分立企业继续存在时，其股东取得的对价应视同被分立企业分配进行处理；（4）被分立企业不再继续存在时，被分立企业及其股东都应按清算进行所得税处理；（5）企业分立相关企业的亏损不得相互结转弥补。

特殊企业分立应当具备以下条件：（1）被分立企业所有股东按原持股比例取得分立企业的股权；（2）分立企业和被分立企业均不改变原来的实质经营活动；（3）被分立企业股东在该企业分立发生时取得的股权支付金额不低于其交易支付总额的85%。

第一个条件规定的是股权比例维持原则，第二个条件规定的是实质经营维持原则，第三个条件规定的是股权支付比例原则。

特殊企业分立可以选择按以下规定处理：（1）分立企业接受被分立企业资产和负债的计税基础，以被分立企业的原有计税基础确定；（2）被分立企业已分立出去资产相应的所得税事项由分立企业承继；（3）被分立企业未超过法定弥补期限的亏损额可按分立资产占全部资产的比例进行分配，由分立企业继续弥补；（4）被分立企业的股东取得分立企业的股权（以下简称“新股”），如需部分或全部放弃原持有的被分立企业的股权（以下简称“旧股”），新股的计税基础应以放弃旧股的计税基础确定。如不需放弃旧股，则其取得新股的计税基础可从以下两种方法中选择确定：直接将新股的计税基础确定为零；以被分立企业分立出去的净资产占被分立企业全部净资产的比例先调减原持有的旧股的计税基础，再将调减的计税基础平均分配到新股上。

在企业存续分立中，分立后的存续企业性质及适用税收优惠的条件未发生改变的，可以继续享受分立前该企业剩余期限的税收优惠，其优惠金额按该企业分立前一年的应纳税所得额（亏损计为零）乘以分立后存续企业资产占分立前该企业全部资产的比例计算。

根据《企业重组业务企业所得税管理办法》的规定，企业发生免税分立，应准备以下资料：①当事方企业分立的总体情况说明，情况说明中应包括企业分立的商业目的。②企业分立的政府主管部门的批准文件。③被分立企业的净资产、各单项资产和负债账面价值和计税基础等相关资料。④证明重组符合特殊性税务处理条件的资料，包括分立后企业各股东取得股权支付比例情况，以及12个月内不改变资产原来的实质性经营活动、原主要股东不转让所取得股权的承诺书等。⑤工商部门认定的分立和被分立企业股东股权比例证明材料；分立后，分立和被分立企业工商营业执照复印件；分立和被分立企业分立业务账务处理复印件。⑥税务机关要求提供的其他资料证明。

企业分立分为应税企业分立和免税企业分立。在应税企业分立中，被分立企业对分立出去资产应按公允价值确认资产转让所得或损失，分立企业应按公允价值确认接受资产的计税基础。被分立企业继续存在时，其股东取得的对价应视同被分立企业分配进行处理；被分立企业不再继续存在时，被分立企业及其股东都应按清算进行所得税处理，企业分立相关企业的亏损不得相互结转弥补。

免税企业分立的条件是：被分立企业所有股东按原持股比例取得分立企业的股权，分立企业和被分立企业均不改变原来的实质经营活动，且被分立企业股东在该企业分立发生时取得的股权支付金额不低于其交易支付总额的85%。在免税企业分立中，分立企业接受被分立企业资产和负债的计税基础，以被分立企业的原有计税基础确定，被分立企业已分立出去资产相应的所得税事项由分立企业承继，被分立企业未超过法定弥补期限的亏损额可按分立资产占全部资产的比例进行分配，由分立企业继续弥补。

企业在分立中，在条件许可的情况下，应当尽量选择采取免税企业分立的形式。这样可以延迟缴纳所得税，在一定条件下，还可以免除缴纳企业所得税。

法律法规依据

（1）《中华人民共和国企业所得税法》（2007年3月16日第十届全国人民代表大会第五次会议通过，主席令第63号，自2008年1月1日起实施）。

（2）《中华人民共和国企业所得税法实施条例》（国务院2007年12月6日颁布，国务院令第512号，自2008年1月1日起实施）。

（3）《财政部　国家税务总局关于企业重组业务企业所得税处理若干问题的通知》（财政部　国家税务总局2009年4月30日发布，财税〔2009〕59号）。

（4）《企业重组业务企业所得税管理办法》（国家税务总局公告2010年第4号）。

税收筹划案例

甲公司将其一家分公司（其计税基础为5 000万元，公允价值为8 000万元）变为独立的乙公司，甲公司的股东取得乙公司100%的股权，同时取得2 000万元现金。在该交易中，甲公司和乙公司应当如何纳税？该交易如何进行税收筹划？

在该交易中，非股权支付额占整个交易的比例：2 000 ÷ 8 000 × 100% = 25%，不符合免税企业分立的条件。如果甲公司的股东是公司，则应当缴纳企业所得税：2 000 × 25% = 500（万元）。甲公司应缴纳企业所得税：(8000 − 5000) × 25% = 750（万元）。如果甲公司的股东取得乙公司的全部股权，同时将取得的现金降低到1 100万元。在该交易中，非股权支付额占整个交易的比例：1 100 ÷ 8 000 × 100% = 13.75%，符合免税企业分立的条件。甲公司的股东仅需缴纳企业所得税：1 100 × 25% = 275（万元）。此时，甲公司取得乙公司股权的计税基础相对变小，但甲公司的股东因此取得了延迟纳税的利益。（因印花税数额较小，对于节税方案不产生影响，本方案不予考虑。）

6 分立企业以享受特定地区税收优惠

税收筹划思路

《企业所得税法》第五十七条规定："法律设置的发展对外经济合作和技术交流的特定地区内，以及国务院已规定执行上述地区特殊政策的地区内新设立的国家需要重点扶持的高新技术企业，可以享受过渡性税收优惠，具体办法由国务院规定。国家已确定的其他鼓励类企业，可以按照国务院规定享受减免税优惠。"

法律设置的发展对外经济合作和技术交流的特定地区，是指深圳、珠海、汕头、厦门和海南经济特区；国务院已规定执行上述地区特殊政策的地区，是指上海浦东新区。对经济特区和上海浦东新区内在2008年1月1日（含）之后完成登记注册的国家需要重点扶持的高新技术企业（以下简称"新设高新技术企业"），在经济特区和上海浦东新区内取得的所得，自取得第一笔生产经营收入所属纳税年度起，第一年至第二年免征企业所得税，第三年至第五年按照25%的法定税率减半征收企业所得税。国家需要重点扶持的高新技术企业，是指拥有核心自主知识产权，同时符合《企业所得税法实施条例》第九十三条规定的条件，并按照《高新技术企业认定管理办法》认定的高新技术企业。经济特区和上海浦东新区内新设高新技术企业同时在经济特区和上海浦东新区以外的地区从事生产经营的，应当单独计算其在经济特区和上海浦东新区内取得的所得，并合理分摊企业的期间费用；没有单独计算的，不得享受企业所得税优惠。经济特区和上海浦东新区内新设高新技术企业在按照《国务院关于经济特区和上海浦东新区新设立高新技术企业实行过渡性税收优惠的通知》（国发〔2007〕40号）的规定享受过渡性税收优惠期间，由于复审或抽查不合格而不再具有高新技术企业资格的，从其不再具有高新技术企业资格年度起，停止享受过渡性税收优惠；以后再次被认定为高新技术企业的，不得继续享受或者重新享受过渡性税收优惠。

如果企业已经在该地区具有分支机构，此时，就可以考虑将该分支机构变成独立的新设立的企业，以享受该地区的税收优惠政策。

法律法规依据

（1）《中华人民共和国企业所得税法》（2007年3月16日第十届全国人民代表大会第五次会议通过，主席令第63号，自2008年1月1日起实施）第五十七条。

（2）《中华人民共和国企业所得税法实施条例》（国务院2007年12月6日颁布，国务院令第512号，自2008年1月1日起实施）。

（3）《国务院关于经济特区和上海浦东新区新设立高新技术企业实行过渡性税收优惠的通知》（国务院2007年12月26日发布，国发〔2007〕40号）。

税收筹划案例

某互联网金融企业早在2007年就在上海浦东新区设立了分支机构。该分支机构2013年的盈利为100万元，预计2014年的盈利为200万元，2015年的盈利为400万元。该分支机构的总机构适用的企业所得税税率为25%，该企业属于高新技术企业。该企业应当如何进行税收筹划？

根据我国税法的规定，分支机构应当和总机构合并缴纳企业所得税，适用总机构所适用的企业所得税税率，而子公司则属于独立的法人，应当独立缴纳企业所得税。该企业可以将该分支机构撤销，同时以该分支机构为基础设立一个全资子公司，该子公司按照高新技术企业的标准设立并取得高新技术企业的资格。这种形式上的变更不会对该子公司的经营产生实质性影响，因此，可以认为该子公司在2014年仍然可以达到200万元的盈利。在企业分立之前，该200万元利润需要缴纳企业所得税：$200 \times 25\% = 50$（万元）。2015年的400万元利润需要缴纳企业所得税：$400 \times 25\% = 100$（万元）。分立以后，该子公司则不需要缴纳企业所得税。减轻税收负担：$50 + 100 = 150$（万元）。

7 利用企业改制中的契税优惠政策

税收筹划思路

根据《财政部　国家税务总局关于企业事业单位改制重组契税政策的通知》（财税〔2012〕4号）规定，自2012年1月1日至2014年12月31日。企业、事业单位改制重组执行以下契税政策：

第一，非公司制企业，按照《公司法》的规定，整体改建为有限责任公司（含国有独资公司）或股份有限公司，有限责任公司整体改建为股份有限公司，股份有限公司整体改建为有限责任公司的，对改建后的公司承受原企业土地、房屋权属，免征契税。上述所称整体改建是指不改变原企业的投资主体，并承继原企业权利、义务的行为。

第二，非公司制国有独资企业或国有独资有限责任公司，以其部分资产与他人组建新公司，且该国有独资企业（公司）在新设公司中所占股份超过50%的，对新设公司承受该国有独资企业（公司）的土地、房屋权属，免征契税。

第三，国有控股公司以部分资产投资组建新公司，且该国有控股公司占新公司股份超过85%的，对新公司承受该国有控股公司土地、房屋权属，免征契税。上述所称国有控股公司，是指国家出资额占有限责任公司资本总额超过 50%，或国有股份占股份有限公司股本总额超过 50% 的公司。

第四，在股权（股份）转让中，单位、个人承受公司股权（股份），公司土地、房屋权属不发生转移，不征收契税。

第五，两个或两个以上的公司，依据法律规定、合同约定，合并为一个公司，且原投资主体存续的，对其合并后的公司承受原合并各方的土地、房屋权属，免征契税。

第六，公司依照法律规定、合同约定分设为两个或两个以上与原公司投资主体相同的公司，对派生方、新设方承受原企业土地、房屋权属，免征契税。

第七，国有、集体企业整体出售，被出售企业法人予以注销，并且买受人按照《劳动法》等国家有关法律法规政策妥善安置原企业全部职工，与原企业全部职工签订服务年限不少于三年的劳动用工合同的，对其承受所购企业的土地、房屋权属，免征契税；与原企业超过 30% 的职工签订服务年限不少于三年的劳动用工合同的，减半征收契税。

第八，企业依照有关法律、法规规定实施破产，债权人（包括破产企业职工）承受破产企业抵偿债务的土地、房屋权属，免征契税；对非债权人承受破产企业土地、房屋权属，凡按照《劳动法》等国家有关法律法规政策妥善安置原企业全部职工，与原企业全部职工签订服务年限不少于三年的劳动用工合同的，对其承受所购企业的土地、房屋权属，免征契税；与原企业超过 30% 的职工签订服务年限不少于三年的劳动用工合同的，减半征收契税。

第九，经国务院批准实施债权转股权的企业，对债权转股权后新设立的公司承受原企业的土地、房屋权属，免征契税。

第十，对承受县级以上人民政府或国有资产管理部门按规定进行行政性调整、划转国有土地、房屋权属的单位，免征契税。

第十一，同一投资主体内部所属企业之间土地、房屋权属的划转，包括母公司与其全资子公司之间，同一公司所属全资子公司之间，同一自然人与其设立的个人独资企业、一人有限公司之间土地、房屋权属的划转，免征契税。

第十二，事业单位按照国家有关规定改制为企业的过程中，投资主体没有发生变化的，对改制后的企业承受原事业单位土地、房屋权属，免征契税。投资主体发生变化的，改制后的企业按照《劳动法》等有关法律法规妥善安置原事业单位全部职工，与原事业单位全部职工签订服务年限不少于三年劳动用工合同的，对其承受原事业单位的土地、房屋权属，免征契税；与原事业单位超过30%的职工签订服务年限不少于三年劳动用工合同的，减半征收契税。

第十三，以出让方式或国家作价出资（入股）方式承受原改制重组企业、事业单位划拨用地的，不属上述规定的免税范围，对承受方应按规定征收契税。

上述所称企业、公司是指依照中华人民共和国有关法律法规设立并在中国境内注册的企业、公司。

法律法规依据

（1）《中华人民共和国契税暂行条例》（国务院1997年7月7日颁布，国务院令〔1997〕224号）。

（2）《财政部　国家税务总局关于企业事业单位改制重组契税政策的通知》（财税〔2012〕4号）。

税收筹划案例一

甲公司依照有关法律、法规的规定实施关闭，某互联网金融企业乙公司以200万元的价格购买了甲公司的房产，甲公司将200万元用于偿还所欠的乙公司债务。乙公司应缴纳契税8万元（即200×4%）。根据上述政策，企业注销、破产，债权人和非债权人承受注销、破产企业土地、房屋权属享受的待遇不同。本案例中，乙公司即使不是甲公司的债权人，但在承受房产时满足“与原企业超过30%的职工签订服务年限不少于三年的劳动用工合同”的条件，则减半征收契税，即乙公司缴纳契税为4万元（即200×4%÷2）；如果满足“与原企业全部职工签订服务年限不少于三年的劳动用工合同”的条件，则全额免征契税。需要注意的是，实施以上方案不缴纳契税，必须全部安置原企业职工。不得仅在合同中约定全部安置原企业职工，而在实际上却解雇职工。

税收筹划案例二

2014年1月，某互联网金融企业乙公司欲购买甲国有独资公司一宗土地，约定支付价款1 000万元。根据税法规定，乙公司应缴纳契税为40万元（即1 000×4%）。根据上述优惠政策，乙公司可以要求甲公司以该土地作为投资，共同组建新公司丙公司，并保证甲公司在丙公司中所占股份超过50%，然后由乙公司吸收合并丙公司，最后甲公司以1 000万元的价格将股权转让给乙公司。财税〔2012〕4号文件规定：“非公司制国有独资企业或国有独资有限责任公司，以其部分资产与他人组建新公司，且该国有独资企业（公司）在新设公司中所占股份超过50%的，对新设公司承受该国有独资企业（公司）的土地、房屋权属，免征契税。”可见，按此方案实施，乙公司可少负担契税40万元。需要说明的是，此方案实际操作虽然较为复杂，但是国有独资公司将转让土地改为先入股再转让股权，可免征销售不动产营业税等相关税收，买卖双方应当对比测算筹划成本和收益，如果收益大于成本，可按上述筹划方案实施。

8 调整企业清算日期的税收筹划

税收筹划思路

根据我国现行税法的规定，纳税人清算时，应当以清算期间作为一个纳税年度。《企业所得税法》第五十三条规定："企业依法清算时，应当以清算期间作为一个纳税年度。"清算所得也应当缴纳所得税。因此，如果企业在清算之前仍有盈利，清算所得为亏损时，可以通过将部分清算期间发生的费用转移到清算之前，以抵销企业的盈利。这种转移可以通过改变清算日期的方式实现。

法律法规依据

（1）《中华人民共和国企业所得税法》（2007年3月16日第十届全国人民代表大会第五次会议通过，主席令第63号，自2008年1月1日起实施）第五十七条。

（2）《中华人民共和国企业所得税法实施条例》（国务院2007年12月6日颁布，国务院令第512号，自2008年1月1日起实施）。

（3）《财政部　国家税务总局关于企业清算业务企业所得税处理若干问题的通知》（财政部　国家税务总局2009年4月30日发布，财税

〔2009〕60 号）。

（4）《企业重组业务企业所得税管理办法》（国家税务总局公告 2010 年第 4 号）。

税收筹划案例

某公司董事会于 2013 年 8 月 20 日向股东会提交了公司解散申请书，股东会 8 月 22 日通过决议，决定公司于 8 月 31 日宣布解散，并于 9 月 1 日开始正常清算。公司在成立清算组前进行的内部清算中发现，2013 年 1 月至 8 月公司预计盈利 100 万元（企业所得税税率 25%），预计 9 月该公司将发生费用 80 万元，清算所得预计为 -20 万元。请计算在这种情况下，企业应当缴纳的所得税，并提出税收筹划方案。

以 9 月 1 日为清算日期，2013 年 1 月至 8 月盈利 100 万元，应纳所得税额：100 × 25% = 25（万元）。清算所得为 -20 万元，不需要纳税。该企业可以考虑将部分费用在清算之前发生，这样可以将 100 万元的盈利予以抵销。该公司可以在公告和进行税务申报之前，由股东会再次通过决议将公司解散日期推迟至 10 月 1 日，并于 10 月 2 日开始清算。公司在 9 月 1 日至 9 月 30 日共发生费用 80 万元。假设其他费用不变，清算所得将变成 60 万元。此时，该公司 2013 年 1 月至 9 月的应纳税所得额：100 - 80 = 20（万元），应当缴纳企业所得税：20 × 25% = 5（万元）。清算所得为 60 万元，应当缴纳企业所得税：60 × 25% = 15（万元）。减轻税收负担：25 - 5 - 15 = 5（万元）。

9 森马收购华人案例分析

税收筹划案例

森马服饰2012年5月28日公告，公司于5月24日召开第二届董事会第二十一次会议，审议通过了《关于使用募集资金以股权收购方式购买店铺的议案》，同意使用募集资金1.56亿元收购浙江华人实业发展有限公司100%股权并承继相应债务。其中，股权转让价格为4 900万元，承继债务1.07亿元。交易完成后，公司将取得位于浙江省杭州市上城区延安路236号的房屋所有权及土地使用权。

公告称，华人实业所拥有的延安路房屋，位于浙江省杭州市的核心商圈，地理位置、使用面积、交易价格等均符合森马服饰营销网络建设项目的要求，未来作为店铺投入使用后，将有助于提升公司森马品牌与巴拉巴拉品牌在杭州地区的品牌形象与销售业绩，具有重要的战略意义。

华人店铺价值约1.56亿元。如采取资产收购方式，华人大约要缴纳500多万元营业税及其附加，5 000多万元土地增值税，森马要缴纳400多万元契税，双方需缴纳16万元印花税，交易总税负超过6 000万元。如果采取股权收购方式，双方仅需要缴纳几十万元印花税，节税高达6 000万元。

森马收购华人既可以采取资产收购的方式，也可以采取股权收购的方式。由于其收购华人的主要目的并不在于取得企业的股权继续经营华人，而是为了取得华人的不动产。因此，在不考虑税收成本的情况下，森马应该采取资产收购的方式。很明显，其采取股权收购的主要目的是节税。当地税务机关认为森马的收购行为涉嫌避税。森马为证明其行为并非避税行为，应当证明其交易的合理性。第一，股权收购的手续相对简单，仅需要进行股东的变更登记即可；第二，森马将继续保持华人的法人地位，并将继续从事生产经营活动；第三，股权收购和资产收购都是企业常用的收购手段，都是常规性商业交易行为，并非异常交易形式。最终，当地税务机关并未对该收购进行反避税调查。

法律法规依据

（1）《中华人民共和国企业所得税法》（2007 年 3 月 16 日第十届全国人民代表大会第五次会议通过，主席令第 63 号，自 2008 年 1 月 1 日起实施）。

（2）《中华人民共和国企业所得税法实施条例》（国务院 2007 年 12 月 6 日颁布，国务院令第 512 号，自 2008 年 1 月 1 日起实施）。

（3）《财政部　国家税务总局关于企业重组业务企业所得税处理若干问题的通知》（财政部　国家税务总局 2009 年 4 月 30 日发布，财税〔2009〕59 号）。

（4）《企业重组业务企业所得税管理办法》（国家税务总局公告 2010 年第 4 号）。

（5）《中华人民共和国营业税暂行条例》（国务院 1993 年 12 月 13 日颁布，2008 年 11 月 5 日国务院第 34 次常务会议修订通过，国务院令第 540 号）。

（6）《中华人民共和国土地增值税暂行条例》（国务院 1993 年 12 月 13 日颁布，国务院令〔1993〕第 138 号）。

第7章

互联网金融企业
海外投资税收筹划与案例分析

1 投资于避税港的税收筹划

税收筹划思路

避税港（Tax Haven）是跨国公司无不热衷的地方。形形色色的避税港又由于地理位置、经济发展水平、商业环境以及税收协议缔结的情况各不相同，因此跨国公司也会有所选择。目前，世界上实行低税率的避税港有百慕大群岛、开曼群岛、巴哈马、马恩岛、英属维尔京群岛、美属萨摩亚群岛、中国香港等。

判断是否属于避税港的一般标准：①不征税或税率很低，特别是所得税和资本利得税；②实行僵硬的银行或商务保密法，为当事人保密，不得通融；③外汇开放，毫无限制，资金来去自由；④拒绝与外国税务当局进行任何合作；⑤一般不定税收协定或只有很少的税收协定；⑥是非常便利的金融、交通和信息中心。

避税港的种类：①无税避税港，不征个人所得税、公司所得税、资本利得税和财产税，如百慕大群岛、巴哈马、瓦努阿图、开曼群岛等；②低税避税港，以低于一般国际水平的税率征收个人所得税、公司所得税、资本利得税和财产税等税种，如列支敦士登、英属维尔京群岛、荷属安的列斯群岛、中国香港、中国澳门等；③特惠避税港，在国内税法的基础上采取特别的税收优惠措施，如爱尔兰的香农、菲律宾的巴丹、新加坡的裕廊等地区。

国外对华投资中大量利用避税港。例如，2008 年对华投资前十位的国家/地区（以实际投入外资金额计，下同）依次为：中国香港（410.36 亿美元）、英属维尔京群岛（159.54 亿美元）、新加坡（44.35 亿美元）、日本（36.52 亿美元）、开曼群岛（31.45 亿美元）、韩国（31.35 亿美元）、美国（29.44 亿美元）、萨摩亚群岛（25.5 亿美元）、中国台湾（18.99 亿美元）和毛里求斯（14.94 亿美元）。前十位国家/地区实际投入外资金额占全国实际使用外资金额的 86.85%。2009 年对华投资前十位国家/地区依次为：中国香港（539.93 亿美元）、中国台湾（65.63 亿美元）、日本（41.17 亿美元）、新加坡（38.86 亿美元）、美国（35.76 亿美元）、韩国（27.03 亿美元）、英国（14.69 亿美元）、德国（12.27 亿美元）、中国澳门（10 亿美元）和加拿大（9.59 亿美元）。前十位国家/地区实际投入外资金额占全国实际使用外资金额的 88.3%。2010 年对华投资前十位国家/地区依次为：中国香港（674.74 亿美元）、中国台湾（67.01 亿美元）、新加坡（56.57 亿美元）、日本（42.42 亿美元）、美国（40.52 亿美元）、韩国（26.93 亿美元）、英国（16.42 亿美元）、法国（12.39 亿美元）、荷兰（9.52 亿美元）和德国（9.33 亿美元）。前十位国家/地区实际投入外资金额占全国实际使用外资金额的 90.1%。

百慕大群岛地处北美洲，位于北大西洋西部群岛，是一个典型的避税港，在百慕大群岛注册一个公司，两天内就可以完成全部的手续。并且，政府不征公司所得税和个人所得税，不征普通销售税。只对遗产课征 2% ~5% 的印花税；按雇主支付的薪金课征 5% 的就业税、4% 的医疗税和一定的社会保障税；对进口货物一般课征 20% 的关税。另外，百慕大群岛针对旅游业兴盛的特点，征收税负较轻的饭店使用税、空海运乘客税。

百慕大群岛的政治及经济一直都非常稳定，因而受到跨国公司的普遍青睐。百慕大群岛的银行、会计、工商、秘书等服务的品质，在所有的税收筹划天堂中，都是居于领导地位。再加上百慕大群岛是 OECD 的成员国之一，在百慕大群岛当地有许多国际化、专业化的律师、会计师，使百慕大群岛得以成为国际主要金融中心之一，其境外公司也广为各国政府及大企业所接受。

国美电器是中国大陆最大的家电零售连锁企业，它是在百慕大群岛注册、在中国香港上市的公司。

开曼群岛位于加勒比海西北部，毗邻美国。开曼群岛的两大经济支柱：一是金融，二是旅游。金融收入约占政府总收入的40%、国内生产总值的70%、外汇收入的75%。开曼群岛课征的税种只有进口税、印花税、工商登记税、旅游者税等简单的几种。三十多年来没有开征个人所得税、公司所得税、资本利得税、不动产税、遗产税等直接税。各国货币在此自由流通、外汇进出自由，资金的投入与抽出完全自由，外国人的资产所有权得到法律保护，交通运输设施健全，现已成为西半球离岸融资业的最大中心。

截至20世纪90年代初，全世界最大的25家跨国银行几乎都在那里设立了子公司或分支机构，在岛内设立的金融、信托类企业的总资产已超过2 500亿美元，占欧洲美元交易总额的7%，涉及56个国家。开曼群岛的商业条件非常健全，银行、律师事务所、会计师事务所相当发达，并且有大量的保险管理人才。

在开曼群岛注册的银行和信托公司有278家，对冲基金9 000多家，各类公司10万家。阿格兰屋是位于开曼群岛南教堂街上的一幢5层办公大楼，为18 857家公司提供办公地址，包括阿里巴巴、百度、希捷、汇源果汁、可口可乐、甲骨文、新浪、联通、联想等。

英属维尔京群岛位于波多黎各以东60英里，是一个自治管理的、通过独立立法会议立法的、政治稳定的英属殖民地，它已经成为发展海外商务活动的重要中心。该岛的两项支柱产业是旅游业及海外离岸公司注册。世界众多大银行的进驻及先进的通信交通设施使英属维尔京群岛成为理想的离岸金融中心。目前，已有超过25万个跨国公司在英属维尔京群岛注册，这使英属维尔京群岛成为世界上发展最快的海外离岸投资中心之一。

英属维尔京群岛的公司注册处设备先进而且工作相当高效。岛上有完善的通信系统，交通和邮政服务也是一流。在英属维尔京群岛注册的公司，在全球所赚取的利润均无须向当地政府缴税，印花税也被免除。岛上没有任何外汇管制，对于任何货币的流通都没有限制。跨国公司除了每年向政府缴纳一笔营业执照续牌费外，无须缴纳任何其他费用。公司不须每年提交公司账册或做周年申报，也不须每年召开董事大会。股票公司可以发行有票面价值和无票面价值的股票、记名股票或不记名股、可回购以及有表决权和无表决权股票。政府对注册公司给予了最大限度的财产保护，允许自由的资金转移。

百度是全球最大的中文搜索引擎，注册地为北京市中关村，百度在开曼群岛和英属维尔京群岛均有公司，2005 年在美国纳斯达克上市（包括海外公司）。

百慕大群岛、开曼群岛、英属维尔京群岛都是以对各类所得实行低税率为主要特点的避税港。另外，也有一些国家/地区则是因税收协议网络发达和对外资有较为优惠的政策而成为“准避税港”，成为国际控股、投资公司、中介性金融公司和信托公司建立的热点地区。这些国家/地区有荷兰、瑞士、荷属安的列斯群岛、塞浦路斯等。跨国公司在这些地区设立控股公司、投资公司和中介性金融公司，利用这些国家税收协议的发达网络，获得较多的税收协议带来的好处。

例如，荷兰已同德、法、日、英、美、俄等四十多个国家缔结了全面税收协议，对以上协议国均实施低税率的预提税。例如，该国的股息是25%，但对协议国则降为5%、7.5%、10%或15%；利息和特许权使用费则不征税。其中对丹麦、芬兰、爱尔兰、意大利、挪威、瑞典、英国、美国等国家的股息预提税限定为零。此外，对汇出境外的公司利润，也可以比照股息享受低税或免税的优惠。荷兰税法规定，居民公司所取得的股息和资本利得按35%的公司所得税课征，但对符合一定条件的公司中的外资部分所取得的股息和资本利得按所占比例全额免征公司所得税。

中国移动集团公司是国资委所属央企，总部位于北京，它100%持股中国移动（香港）集团公司，该集团100%持股中国移动香港公司，中国移动香港公司控股中国移动有限公司，中国移动有限公司是中国香港和美国上市公司，其100%持有中国内地31省的移动子公司。

苹果公司是注册在美国的企业，但其在爱尔兰、荷兰和加勒比群岛设立若干子公司，其收入的三分之二归属于这些海外公司，2012财年，苹果以557.6亿美元的全年税前收入，仅缴纳了140亿美元税款。综合计算，总税率仅为22%，远低于美国联邦税率。

法律法规依据

（1）《中华人民共和国企业所得税法》（2007年3月16日第十届全国人民代表大会第五次会议通过，主席令第63号，自2008年1月1日起实施）第五十七条。

（2）《中华人民共和国企业所得税法实施条例》（国务院2007年12月6日颁布，国务院令第512号，自2008年1月1日起实施）。

税收筹划案例

某互联网金融企业原计划设立在中国，每年利润总额约1 000万元，需要缴纳250万元企业所得税。对此，应如何进行税收筹划?

该互联网金融企业可以在避税港设立控股公司、知识产权公司和技术服务公司，在中国设立若干子公司，假设该企业集团每年利润为1 000万元，其中，约500万元利润留在中国，其余500万元利润留在控股公司、知识产权公司和技术服务公司。此时，该企业集团每年仅需就500万元在中国缴纳125万元企业所得税，其余所得在避税港缴纳很少的所得税或者享受免税待遇。

2 利用不同组织形式的税收待遇

税收筹划思路

企业在海外投资设立分支机构时，一般有两种组织形式可供选择：一是具有法人资格的企业，如子公司；二是不具有法人资格的企业，如分公司。具有法人资格的企业要在当地缴纳企业所得税，同时，该企业的亏损也不能由母公司的利润予以弥补。不具有法人资格的企业，在当地往往也需要缴纳企业所得税，但是，其亏损可以由总公司的利润予以弥补，这样就减轻了总公司的所得税负担。因此，如果预测该分支机构最初几年一定会亏损，最好先采取分公司的形式或者与当地企业建立合伙企业，这样可以用总公司的盈利来弥补其亏损。

我国《企业所得税法》第十七条规定："企业在汇总计算缴纳企业所得税时，其境外营业机构的亏损不得抵减境内营业机构的盈利。"因此，我国企业在海外设立分支机构时，设置子公司和分公司在亏损弥补问题上的税务处理是基本一致的。

法律法规依据

（1）《中华人民共和国企业所得税法》（2007 年 3 月 16 日第十届全国

人民代表大会第五次会议通过，主席令第63号，自2008年1月1日起实施）第十七条。

（2）《中华人民共和国企业所得税法实施条例》（国务院2007年12月6日颁布，国务院令第512号，自2008年1月1日起实施）。

税收筹划案例

我国一家互联网金融公司A欲在甲国投资兴建一家子公司B，A公司于2013年年底派遣一名顾问去甲国进行投资情况考察，该顾问在选择分公司还是子公司时，专门向有关部门进行了投资与涉外税收政策方面的咨询。根据预测分析，2014年度，A公司应纳税所得额为5 000万美元，按我国《企业所得税法》的规定应缴纳25%的企业所得税，在甲国投资的B公司亏损300万美元。A公司在乙国还有一家子公司C，2014年C公司的应纳税所得额为1 000万美元，乙国的公司所得税税率为40%。请提出若干投资方案，并提出税收筹划方案。

从投资活动和税收筹划角度分析，具体有三种方案可供选择。

方案一：由A公司或者C公司在甲国投资设立子公司B，此时B公司的亏损由该公司在以后年度弥补，A公司和C公司纳税总额：$5\ 000\times25\%+1\ 000\times40\%=1\ 650$（万美元）。

方案二：由A公司在甲国投资设立分公司B，B公司的亏损同样不能在A公司内弥补，B公司的亏损由该公司在以后年度弥补，A公司和C公司纳税总额：$5\ 000\times25\%+1\ 000\times40\%=1\ 650$（万美元）。

方案三：由C公司在甲国投资设立分公司B，B公司的亏损可以在C公司内弥补，A公司和C公司纳税总额：$5\ 000\times25\%+(1\ 000-300)\times40\%=1\ 530$（万美元）。

综上所述，方案三的应纳税额最低，故优于其他方案。

3 外国公司直接投资转化为常设机构直接投资

税收筹划思路

根据《企业所得税法》及其实施条例的规定，外国公司来中国直接投资，取得的股息所得不扣除任何成本费用，按照10%的税率缴纳企业所得税。外国公司在中国设立分支机构或者分公司，由该分支机构或者分公司进行直接投资，取得的股息所得在扣除成本、费用、损失、税金后按照25%的税率缴纳企业所得税。外国公司应在综合比较两种投资方式企业所得税负担的前提下做出科学的决策。

法律法规依据

（1）《中华人民共和国企业所得税法》（2007年3月16日第十届全国人民代表大会第五次会议通过，主席令第63号，自2008年1月1日起实施）第五十七条。

（2）《中华人民共和国企业所得税法实施条例》（国务院2007年12月6日颁布，国务院令第512号，自2008年1月1日起实施）。

税收筹划案例

法国的甲公司计划与中国的乙公司合资成立A公司，预计每年可以从

A 公司取得股息 1 000 万元。该投资有两个方案：方案一是由甲公司直接持有 A 公司的股权，方案二是甲公司先在中国设立分公司，由该分公司持有 A 公司的股权，预计该分公司每年可以税前扣除的支出为 200 万元。请比较二者的所得税负担。

在方案一下，甲公司需要缴纳企业所得税：1 000 × 10% = 100（万元）。在方案二下，甲公司需要缴纳企业所得税：（1 000 - 200）× 25% = 200（万元）。如果两种模式的其他开支基本相同，甲公司应当采取方案一。

4 外国企业选择是否设立机构场所

税收筹划思路

根据《企业所得税法》第三条的规定，非居民企业在中国境内设立机构、场所的，应当就其所设机构、场所取得的来源于中国境内的所得，以及发生在中国境外但与其所设机构、场所有实际联系的所得，缴纳企业所得税。非居民企业在中国境内未设立机构、场所的，或者虽设立机构、场所但取得的所得与其所设机构、场所没有实际联系的，应当就其来源于中国境内的所得缴纳企业所得税。根据《企业所得税法》第四条的规定，非居民企业在中国境内设立机构、场所的，适用25%的税率。非居民企业在中国境内未设立机构、场所的，适用10%的预提所得税税率。根据《企业所得税法》第五条的规定，非居民企业在中国境内设立机构、场所的，企业每一纳税年度的收入总额，减除不征税收入、免税收入、各项扣除以及允许弥补的以前年度亏损后的余额，为应纳税所得额。根据《企业所得税法》第十九条的规定，非居民企业在中国境内未设立机构、场所的，股息、红利等权益性投资收益和利息、租金、特许权使用费所得，以收入全额为应纳税所得额；转让财产所得，以收入全额减除财产净值后的余额为应纳税所得额。

根据上述规定，非居民企业设立机构、场所与不设立机构、场所的计算方法是不同的，企业可以综合考虑其设立机构、场所与不设立机构、场所的税收负担并据此做出科学的决策。

法律法规依据

（1）《中华人民共和国企业所得税法》（2007 年 3 月 16 日第十届全国人民代表大会第五次会议通过，主席令第 63 号，自 2008 年 1 月 1 日起实施）。

（2）《中华人民共和国企业所得税法实施条例》（国务院 2007 年 12 月 6 日颁布，国务院令第 512 号，自 2008 年 1 月 1 日起实施）。

税收筹划案例

某互联网金融企业甲公司为在开曼群岛成立的跨国公司，其计划在中国设立一个分支机构，该分支机构主要负责甲公司的专利、商标等特许权在中国的许可运营。预计每年取得各类特许权使用费 1 000 万元，设立分支机构的各项可以税前扣除的支出约 200 万元。如果甲公司不在中国设立分支机构，该 200 万元的费用可以由总公司负担。请比较甲公司设立分支机构与不设立分支机构的企业所得税负担。

如果甲公司设立分支机构，则每年缴纳企业所得税：（1 000 − 200）× 25% = 200（万元）。如果甲公司不设立分支机构，则每年缴纳企业所得税：1000 × 10% = 100（万元）。假设设立分支机构与不设立分支机构的其他开支基本相当，甲公司就不应该在中国设立分支机构。

5

将利润保留境外的税收筹划

税收筹划思路

纳税人在境外投资的所得必须汇回本国才需要向本国缴纳企业所得税，如果留在投资国，则不需要向本国缴纳企业所得税。纳税人可以在一定程度上将利润留在境外，从而避免或者推迟向本国缴纳企业所得税的时间，获得税收筹划的利益。特别是当企业需要继续在海外进行投资时，就更不需要将利润汇回本国，可以将其他企业的利润直接投资于新的企业，这样可以减轻税收负担。

当然，这种税收筹划方法应当保持在一定的限度内，超过一定的限度将被税务机关进行纳税调整。《企业所得税法》第四十五条规定："由居民企业，或者由居民企业和中国居民控制的设立在实际税负明显低于本法第四条第一款规定税率水平的国家（地区）的企业，并非由于合理的经营需要而对利润不作分配或者减少分配的，上述利润中应归属于该居民企业的部分，应当计入该居民企业的当期收入。"

中国居民，是指根据《个人所得税法》的规定，就其从中国境内、境外取得的所得在中国缴纳个人所得税的个人。

居民企业，或者由居民企业和中国居民控制，包括两项：（1）居民企业或者中国居民直接或者间接单一持有外国企业10%以上有表决权股份，且由其共同持有该外国企业50%以上股份。中国居民股东多层间接持有股份按各层持股比例相乘计算，中间层持有股份超过50%的，按100%计算。（2）居民企业，或者居民企业和中国居民持股比例没有达到第（1）项规定的标准，但在股份、资金、经营、购销等方面对该外国企业构成实质控制。

受控外国企业是指由居民企业，或者由居民企业和居民个人（以下统称“中国居民股东”，包括中国居民企业股东和中国居民个人股东）控制的设立在实际税负低于《企业所得税法》第四条第一款规定税率水平50%的国家（地区），并非出于合理经营需要对利润不作分配或减少分配的外国企业。

计入中国居民企业股东当期的视同受控外国企业股息分配的所得，应按以下公式计算：中国居民企业股东当期所得 = 视同股息分配额 × 实际持股天数 ÷ 受控外国企业纳税年度天数 × 股东持股比例。中国居民股东多层间接持有股份的，股东持股比例按各层持股比例相乘计算。

受控外国企业与中国居民企业股东纳税年度存在差异的，应将视同股息分配所得计入受控外国企业纳税年度终止日所属的中国居民企业股东的纳税年度。

计入中国居民企业股东当期所得已在境外缴纳的企业所得税税款，可按照所得税法或税收协定的有关规定抵免。

受控外国企业实际分配的利润已根据《企业所得税法》第四十五条规定征税的，不再计入中国居民企业股东的当期所得。

中国居民企业股东能够提供资料证明其控制的外国企业满足以下条件之一的，可免于将外国企业不作分配或减少分配的利润视同股息分配额，计入中国居民企业股东的当期所得：①设立在国家税务总局指定的非低税率国家（地区）；②主要取得积极经营活动所得；③年度利润总额低于500万元人民币。

中国居民企业或居民个人能够提供资料证明其控制的外国企业设立在

美国、英国、法国、德国、日本、意大利、加拿大、澳大利亚、印度、南非、新西兰和挪威的，可免于将该外国企业不作分配或者减少分配的利润视同股息分配额，计入中国居民企业的当期所得。

法律法规依据

（1）《中华人民共和国企业所得税法》（2007 年 3 月 16 日第十届全国人民代表大会第五次会议通过，主席令第 63 号，自 2008 年 1 月 1 日起实施）第四十五条。

（2）《中华人民共和国企业所得税法实施条例》（国务院 2007 年 12 月 6 日颁布，国务院令第 512 号，自 2008 年 1 月 1 日起实施）第一百一十六条至第一百一十八条。

（3）《特别纳税调整实施办法（试行）》（国家税务总局 2009 年 1 月 8 日发布，国税发〔2009〕2 号）。

（4）《国家税务总局关于简化判定中国居民股东控制外国企业所在国实际税负的通知》（国家税务总局 2009 年 1 月 21 日发布，国税函〔2009〕37 号）。

税收筹划案例

中国的甲公司在 A 国设立了一家子公司乙。2012 年度，乙公司获得税前利润 3 000 万元，2013 年度，乙公司获得税前利润 4 000 万元。A 国企业所得税税率为 30%。中国和 A 国税收协定规定的预提所得税税率为 10%。乙公司将税后利润全部分配给甲公司。甲公司在 2014 年度投资 3 000万元在 B 国设立了另一家子公司丙。请计算乙公司两年利润的所得税负担并提出税收筹划方案。

乙公司 2012 年度需要向 A 国缴纳企业所得税：3 000 × 30% = 900（万元）。将利润分配给甲公司，需要缴纳预提所得税：900 × 10% = 90（万元）。甲公司获得该笔利润需要向中国缴纳企业所得税：3 000 × 25% = 750

（万元）。由于该笔所得已经在国外缴纳了990万元（即900+90）的所得税，因此，不需要向中国缴纳任何税款。

乙公司2013年度需要向A国缴纳企业所得税：4 000×30%=1 200（万元）。将利润分配给甲公司，需要缴纳预提所得税：1 200×10%=120（万元）。甲公司获得该笔利润需要向中国缴纳企业所得税：4 000×25%=1 000（万元）。由于该笔所得已经在国外缴纳了1 320万元（即1 200+120）的所得税，因此，不需要向中国缴纳任何税款。

甲公司两年一共获得税后纯利润：3 000+4 000-990-1 320=4 690（万元）。

如果甲公司将税后利润一直留在乙公司，则2012年度和2013年度乙公司一共需要缴纳企业所得税：（3 000+4 000）×30%=2 100（万元）。税后纯利润：7 000-2 100=4 900（万元）。2014年度，乙公司可以用该笔利润直接投资设立丙公司，设立过程中不需要缴纳任何税款。通过税收筹划，甲公司减轻了所得税负担：4 900-4 690=210（万元）。

6 利用不同国家之间税收协定的优惠政策

税收筹划思路

不同国家之间签订的双边税收协定往往规定了避免双重征税的措施，或者规定了一些鼓励双边投资的税收优惠政策。但是这种税收优惠往往只给予签订协定的两个国家的居民，第三国的居民不能享受该税收优惠政策。如果第三国居民和其中一个国家签订了税收协定并且规定了相关优惠政策，那么，第三国居民为了享受与另外一个国家的该税收优惠政策必须首先在其中一个国家设立一个居民公司，由该居民公司从事相关业务就可以享受该税收协定所规定的优惠政策。

法律法规依据

（1）中国与世界各国所签署的税收筹划双重征税的双边协定。

（2）《中华人民共和国企业所得税法》（2007 年 3 月 16 日第十届全国人民代表大会第五次会议通过，主席令第 63 号，自 2008 年 1 月 1 日起实施）。

（3）《中华人民共和国企业所得税法实施条例》（国务院 2007 年 12 月 6 日颁布，国务院令第 512 号，自 2008 年 1 月 1 日起实施）。

税收筹划案例

A国和B国签订了双边税收协定，其中规定A国居民从B国取得的投资所得可以免征预提所得税，B国居民从A国取得的投资所得也可以免征预提所得税。中国和A国签订了双边税收协定，规定中国居民与A国居民从对方国家取得的投资所得同样可以免征预提所得税。但中国和B国之间没有税收协定，中国和B国规定的预提所得税税率都是20%。中国某公司甲在B国投资设立一子公司乙，该子公司2014年度的税后利润为1 000万元，公司决定将其中60%的利润分配给母公司。请计算该笔利润应当缴纳的相关税款，并提出税收筹划方案。

该笔利润汇回中国需要缴纳预提所得税：1 000 × 60% × 20% = 120（万元）。为了避免缴纳该笔税收，甲公司可以考虑首先在A国设立一家全资子公司丙，将甲公司在B国乙公司中的股权转移到A国的丙公司，由A国的丙公司控制B国的乙公司。这样，B国的乙公司将利润分配给A国的丙公司时，根据A国和B国的双边税收协定，该笔利润不需要缴纳预提所得税；同样，当A国的丙公司将该笔利润全部分配给甲公司时，根据中国和A国的双边税收协定，也不需要缴纳预提所得税。这样，该笔利润就减轻了120万元的税收负担，如果设立丙公司以及进行相关资金转移的费用小于120万元，该税收筹划方案就是有利的。

7 利用税收饶让抵免制度获得相关税收利益

税收筹划思路

纳税人来源于境外的所得首先要在来源地国纳税，回到居民国以后还要向居民国纳税，这就产生了重复征税。为了避免重复征税，居民国的税法一般都允许纳税人来源于境外的所得已经缴纳的税款可以在应当向本国缴纳的税款中予以扣除，但一般都有一个上限，即不能超过该笔所得根据本国税法规定应当缴纳的税款。有时，国家为了吸引外资而给予外资一定的税收优惠，外资回到本国时对于该税收优惠有两种处理方式：一种是将税收优惠视为来源地国给予外资的优惠，虽然本国纳税人没有实际缴纳该税款，仍然视为已经缴纳予以扣除，这种方式就是税收饶让抵免；另一种就是对该税收优惠不予考虑，仅对纳税人在来源地国实际缴纳的税款予以扣除，这样，来源地国给予外资的税收优惠就无法被外资所享受了。目前，我国与绝大多数国家的税收协定都规定了税收饶让抵免制度，只有美国等少数国家没有该项制度。在没有税收饶让抵免制度的情况下，可以通过在具有税收饶让抵免的国家设立居民公司来享受该项优惠政策。

法律法规依据

（1）中国与世界各国所签署的税收筹划双重征税的双边协定。

（2）《中华人民共和国企业所得税法》（2007年3月16日第十届全国人民代表大会第五次会议通过，主席令第63号，自2008年1月1日起实施）。

（3）《中华人民共和国企业所得税法实施条例》（国务院2007年12月6日颁布，国务院令第512号，自2008年1月1日起实施）。

税收筹划案例

中国和A国签订的双边税收协定有税收饶让抵免制度，并且对缔约国居民来源于本国的投资所得免征预提所得税，A国企业所得税税率为30%，中国和B国的双边税收协定没有税收饶让抵免制度，预提所得税税率为10%，但A国和B国的双边税收协定具有税收饶让抵免制度，并且对缔约国居民来源于本国的投资所得免征预提所得税。中国某互联网金融公司甲在B国有一个子公司乙，2014年度获得税前利润2 000万元，根据B国税法规定，企业所得税税率为30%，但是对外资可以给予10%的低税率。请计算该笔所得应当承担的税收负担，并提出税收筹划方案。

乙公司在B国应当缴纳企业所得税：2 000×10%＝200（万元）。税后利润：2 000－200＝1 800（万元）。假设该笔利润全部汇回本国，则应当缴纳预提所得税：1 800×10%＝180（万元）。该笔所得按照我国税法规定应当缴纳企业所得税：2 000×25%＝500（万元）。由于该笔所得已经在国外缴纳了所得税：200＋180＝380（万元），在本国只需要补缴所得税：500－380＝120（万元）。税后净利润：2 000－200－180－120＝1 500（万元）。

如果该甲公司首先在A国设立一个丙公司，将其持有的乙公司的股权转移给丙公司持有，乙公司的利润首先分配给丙公司，然后再由丙公司将利润分配给甲公司，这样就可以享受税收饶让抵免的优惠政策。乙公司在B国应当缴纳企业所得税：2 000×10%＝200（万元）。税后净利润：2 000－200＝1 800（万元）。乙公司将利润全部分配给丙公司，不需要缴纳预提所得税。该笔利润在A国需要缴纳企业所得税：2 000×30%＝600

（万元）。由于该笔所得按照B国税法本来应当缴纳600万元（即2 000×30%）的税款，因此，该笔税款不需要向A国缴纳任何税款。丙公司再将该笔利润全部分配给甲公司，中间不需要缴纳预提所得税。该笔所得需要向中国缴纳企业所得税：2 000×25% =500（万元）。由于在A国已经缴纳了600万元的税款，因此，不需要向中国缴纳所得税。企业税后净利润：2 000 -200 =1 800（万元）。通过税收筹划，企业增加了税后利润：1 800 -1 500 =300（万元）。

8 利用外国公司转移所得来源地的税收筹划

税收筹划思路

我国所得税法对于各类所得的来源地有明确规定，根据《企业所得税法实施条例》第七条的规定，来源于中国境内、境外的所得，按照以下原则确定：（1）销售货物所得，按照交易活动发生地确定；（2）提供劳务所得，按照劳务发生地确定；（3）转让财产所得，不动产转让所得按照不动产所在地确定，动产转让所得按照转让动产的企业或者机构、场所所在地确定，权益性投资资产转让所得按照被投资企业所在地确定；（4）股息、红利等权益性投资所得，按照分配所得的企业所在地确定；（5）利息所得、租金所得、特许权使用费所得，按照负担、支付所得的企业或者机构、场所所在地确定，或者按照负担、支付所得的个人的住所地确定；（6）其他所得，由国务院财政、税务主管部门确定。

根据《个人所得税法实施条例》第五条的规定，下列所得，不论支付地点是否在中国境内，均为来源于中国境内的所得：（1）因任职、受雇、履约等而在中国境内提供劳务取得的所得；（2）将财产出租给承租人在中国境内使用而取得的所得；（3）转让中国境内的建筑物、土地使用权等财产或者在中国境内转让其他财产取得的所得；（4）许可各种特许权在中国境内使用而取得的所得；（5）从中国境内的公司、企业以及其他经济组织或者个人取得的利息、股息、红利所得。

不动产转让所得一般都要在不动产所在地纳税，但利用境外设立的公司来持有不动产，就可以将不动产转让所得转化为股权转让所得，而股权转让所得是根据被转让公司所在地来确定来源地的，而公司的设立地点是可以选择的，由此就可以将境内不动产转让所得转化为境外所得。

法律法规依据

（1）《中华人民共和国企业所得税法》（2007 年 3 月 16 日第十届全国人民代表大会第五次会议通过，主席令第 63 号，自 2008 年 1 月 1 日起实施）。

（2）《中华人民共和国企业所得税法实施条例》（国务院 2007 年 12 月 6 日颁布，国务院令第 512 号，自 2008 年 1 月 1 日起实施）第七条。

（3）《中华人民共和国个人所得税法》（1980 年 9 月 10 日第五届全国人民代表大会第三次会议通过，2011 年 6 月 30 日第十一届全国人民代表大会常务委员会第二十一次会议第六次修正）。

（4）《中华人民共和国个人所得税法实施条例》（1994 年 1 月 28 日中华人民共和国国务院令第 142 号发布，根据 2011 年 7 月 19 日《国务院关于修改〈中华人民共和国个人所得税法实施条例〉的决定》第三次修订）。

税收筹划案例

甲公司准备投资 1 亿元购买一幢写字楼，持有 3 年以后转让，预计转让价款为 1.3 亿元。请计算甲公司此项投资的税收负担并提出税收筹划方案。

甲公司转让不动产需要缴纳营业税及其附加：（13 000 − 10 000）× 5.5% =165（万元）；需要缴纳印花税：13 000 × 5‰ = 6.5（万元）。购买该不动产的公司需要缴纳契税：13 000 × 3% = 390（万元）。不考虑其他成本，甲公司取得转让所得：13 000 - 10 000 - 165 - 6.5 = 2 828.5（万元）。应当缴纳企业所得税：2 828.5 × 25% = 707.125（万元）。税后利润：2 828.5 - 707.125 = 2 121.375（万元）。

如果甲公司先在某税收筹划地投资1.1亿元设立乙公司，由乙公司以1亿元的价格购置该不动产并持有，3年以后，甲公司以1.4亿元的价格转让乙公司。假设该税收筹划地企业所得税税率为10%，印花税税率为5‰，股权转让在该税收筹划地不涉及其他税收。甲公司需在该税收筹划地缴纳印花税：14 000 × 5‰ = 7（万元）。需要缴纳所得税：(14 000 - 11 000 - 7) × 10% = 299.3（万元）。税后利润：(14 000 - 11 000 - 7) × 90% = 2 693.7（万元）。

通过税收筹划，甲公司增加税后利润：2 693.7 - 2 121.375 = 572.325（万元）。购买乙公司并间接购买该不动产的公司也节约了390万元的契税。同时，该不动产一直由乙公司持有并持续经营，也避免了不动产转让对该不动产的生产经营可能带来的不良影响。

第8章

税务机关反避税政策与互联网金融企业应对策略

1 关联申报制度

关联企业的界定

《税收征收管理法》第三十六条规定："企业或者外国企业在中国境内设立的从事生产、经营的机构、场所与其关联企业之间的业务往来，应当按照独立企业之间的业务往来收取或者支付价款、费用；不按照独立企业之间的业务往来收取或者支付价款、费用，而减少其应纳税的收入或者所得额的，税务机关有权进行合理调整。"这里明确提出了关联企业和关联交易。

《税收征收管理法实施细则》第五十一条规定："关联企业，是指有下列关系之一的公司、企业和其他经济组织：（一）在资金、经营、购销等方面，存在直接或者间接的拥有或者控制关系；（二）直接或者间接地同为第三者所拥有或者控制；（三）在利益上具有相关联的其他关系。"

《企业所得税法》第四十一条规定："企业与其关联方之间的业务往来，不符合独立交易原则而减少企业或者其关联方应纳税收入或者所得额的，税务机关有权按照合理方法调整。"这里明确提出了关联方和关联交易，并将关联企业的概念扩展为关联方。

《企业所得税法实施条例》第一百零九条规定："关联方，是指与企业有下列关联关系之一的企业、其他组织或者个人：（一）在资金、经营、购销等方面存在直接或者间接的控制关系；（二）直接或者间接地同为第三者控制；（三）在利益上具有相关联的其他关系。”与《税收征收管理法实施细则》第五十一条的界定相比，去掉了“拥有”，只使用“控制”。因为“控制”内在包括“拥有”，因此，《企业所得税法实施条例》的界定与《税收征收管理法实施细则》的界定范围是一致的，但表述更加简练。

2009年1月8日，国家税务总局发布了《特别纳税调整实施办法（试行）》（国税发〔2009〕2号）（以下简称“《特别纳税调整实施办法》”），《特别纳税调整实施办法》第九条对关联关系做出以下规定：“关联关系，主要是指企业与其他企业、组织或个人具有下列之一关系：……”具体而言，包括以下8种情形：

第一，一方直接或间接持有另一方的股份总和达到25%以上，或者双方直接或间接同为第三方所持有的股份达到25%以上。若一方通过中间方对另一方间接持有股份，只要一方对中间方持股比例达到25%以上，则一方对另一方的持股比例按照中间方对另一方的持股比例计算。

举例如下：

A公司持有B公司25%的股份，B公司持有C公司25%的股份，相当于A公司间接持有C公司25%的股份，A公司和C公司具有关联关系。

A公司持有B公司24%的股份，B公司持有C公司25%的部分，A公司还直接持有C公司18%的股份，由于A公司间接持有C公司的股份为6%，因此，A直接或间接持有C公司的股份为24%，A公司和C公司不具有关联关系。

A公司持有B公司25%的股份，A公司持有C公司25%的股份，则B公司和C公司具有关联关系，同时，A公司与B公司、A公司与C公司也具有关联关系。

第二，一方与另一方（独立金融机构除外）之间借贷资金占一方实收资本50%以上，或者一方借贷资金总额的10%以上是由另一方（独立金融机构除外）担保。

举例如下：

A公司向B公司借款1 000万元，A公司注册资本3 000万元，目前实收资本为2 000万元，则A公司与B公司具有关联关系，但如果B公司是具有法人资格的银行，则A公司与B公司不具有关联关系。

第三，一方半数以上的高级管理人员（包括董事会成员和经理）或至少一名可以控制董事会的董事会高级成员是由另一方委派，或者双方半数以上的高级管理人员（包括董事会成员和经理）或至少一名可以控制董事会的董事会高级成员同为第三方委派。

法律并未规定什么是“董事会高级成员”，一般可以理解为董事长和副董事长。监事不属于高级管理人员。财务负责人、董事会秘书也不属于这里讲的高级管理人员。

第四，一方半数以上的高级管理人员（包括董事会成员和经理）同时担任另一方的高级管理人员（包括董事会成员和经理），或者一方至少一名可以控制董事会的董事会高级成员同时担任另一方的董事会高级成员。

第五，一方的生产经营活动必须由另一方提供的工业产权、专有技术等特许权才能正常进行。

第六，一方的购买或销售活动主要由另一方控制。

第七，一方接受或提供劳务主要由另一方控制。

第八，一方对另一方的生产经营、交易具有实质控制，或者双方在利益上具有相关联的其他关系，包括虽未达到上述第一项持股比例，但一方与另一方的主要持股方享受基本相同的经济利益，以及家族、亲属关系等。

举例如下：

A公司的法定代表人兼董事长为张某，B公司的法定代表人兼董事长为李某，张某和李某为夫妻关系，此时，可以认为，A公司与B公司具有关联关系。

关联交易的界定

《特别纳税调整实施办法》第十条规定了关联交易的类型。

第一，有形资产的购销、转让和使用，包括房屋建筑物、交通工具、机器设备、工具、商品、产品等有形资产的购销、转让和租赁业务。

第二，无形资产的转让和使用，包括土地使用权、版权（著作权）、专利、商标、客户名单、营销渠道、牌号、商业秘密和专有技术等特许权，以及工业品外观设计或实用新型等工业产权的所有权转让和使用权的提供业务。

第三，融通资金，包括各类长短期资金拆借和担保以及各类计息预付款和延期付款等业务。

第四，提供劳务，包括市场调查、行销、管理、行政事务、技术服务、维修、设计、咨询、代理、科研、法律、会计事务等服务的提供。

关联交易的报表

《企业所得税法》第四十三条规定："企业向税务机关报送年度企业所得税纳税申报表时，应当就其与关联方之间的业务往来，附送年度关联业务往来报告表。"《特别纳税调整实施办法》第十一条规定：实行查账征收的居民企业和在中国境内设立机构、场所并据实申报缴纳企业所得税的非居民企业向税务机关报送年度企业所得税纳税申报表时，应附送《中华人民共和国企业年度关联业务往来报告表》，包括《关联关系表》《关联交易汇总表》《购销表》《劳务表》《无形资产表》《固定资产表》《融通资金表》《对外投资情况表》和《对外支付款项情况表》。

实行核定征收的居民企业和非居民企业不需要附送《中华人民共和国企业年度关联业务往来报告表》。

《特别纳税调整实施办法》第十二条规定：企业按规定期限报送上述规定的报告表确有困难，需要延期的，应按《税收征收管理法》及其实施细则的有关规定办理。

《税收征收管理法》第二十七条规定：纳税人、扣缴义务人不能按期办理纳税申报或者报送代扣代缴、代收代缴税款报告表的，经税务机关核准，可以延期申报。《税收征收管理法实施细则》第三十七条规定：纳税人、扣缴义务人按照规定的期限办理纳税申报或者报送代扣代缴、代收代缴税款报告表确有困难，需要延期的，应当在规定的期限内向税务机关提出书面延期申请，经税务机关核准，在核准的期限内办理。纳税人、扣缴义务人因不可抗力，不能按期办理纳税申报或者报送代扣代缴、代收代缴税款报告表的，可以延期办理；但是，应当在不可抗力情形消除后立即向税务机关报告。税务机关应当查明事实，予以核准。

由此可见，延期申报有两种情形，一是事先申请的延期申报，二是事后核准的延期申报。

2 同期资料管理制度

企业提供同期资料的义务

《企业所得税法》第四十三条规定："税务机关在进行关联业务调查时，企业及其关联方，以及与关联业务调查有关的其他企业，应当按照规定提供相关资料。"《企业所得税法实施条例》第一百一十四条对"相关资料"进行了界定，包括：(1) 与关联业务往来有关的价格、费用的制定标准、计算方法和说明等同期资料；(2) 关联业务往来所涉及的财产、财产使用权、劳务等的再销售（转让）价格或者最终销售（转让）价格的相关资料；(3) 与关联业务调查有关的其他企业应当提供的与被调查企业可比的产品价格、定价方式以及利润水平等资料；(4) 其他与关联业务往来有关的资料。

税务机关进行转让定价税务调查时，纳税人准备转让定价同期资料文档并承担协力义务和举证是十分关键的。从税务机关角度来说，纳税人准备的转让定价同期资料文档可以协助税务调查人员评估和检查纳税人在转让定价中存在税务违规的可能性，检验纳税人是否存在转让定价行为并可作为是否应进行纳税调整的初步依据。因为税务机关面对跨国企业烦冗复杂的关联交易不可能一一搜集证据，而企业才是转让定价的决策者，拥有完整的转让定价相关资料，比税务人员更清楚其关联交易价格、费用是否符合独立交易原则。相应的举证责任倒置，有利于提高行政效率，维护税法的严肃性。从纳税人方面来说，准备同期资料文档，可以显示其制定和执行符合独立交易原则的转让定价的意愿，确保其转让定价是经得起检验的，也规范了纳税人税务行为及实务操作。

《特别纳税调整实施办法》第十三条规定：企业应按纳税年度准备、保存，并按税务机关要求提供其关联交易的同期资料。

属于下列情形之一的企业，可免于准备同期资料：（1）年度发生的关联购销金额（来料加工业务按年度进出口报关价格计算）在2亿元人民币以下且其他关联交易金额（关联融通资金按利息收付金额计算）在4 000万元人民币以下，上述金额不包括企业在年度内执行成本分摊协议或预约定价安排所涉及的关联交易金额；（2）关联交易属于执行预约定价安排所涉及的范围；（3）外资股份低于50%且仅与境内关联方发生关联交易。

没有外资成分（即纯内资企业）或者外资股份低于50%的（即不占控股地位）的企业之间发生的关联交易不需要准备同期资料。

同期资料的主要内容

第一，组织结构，包括以下四个方面的内容：（1）企业所属的企业集团相关组织结构及股权结构；（2）企业关联关系的年度变化情况；（3）与企业发生交易的关联方信息，包括关联企业的名称、法定代表人、董事和经理等高级管理人员构成情况、注册地址及实际经营地址，以及关联个人的名称、国籍、居住地、家庭成员构成等情况，并注明对企业关联交易定价具有直接影响的关联方；（4）各关联方适用的具有所得税性质的税种、税率及相应可享受的税收优惠。

第二，生产经营情况，包括以下五个方面的内容：（1）企业的业务概况，包括企业发展变化概况、所处的行业及发展概况、经营策略、产业政策、行业限制等影响企业和行业的主要经济和法律问题，集团产业链以及企业所处地位；（2）企业的主营业务构成、主营业务收入及其占收入总额的比重，主营业务利润及其占利润总额的比重；（3）企业所处的行业地位及相关市场竞争环境的分析；（4）企业内部组织结构，企业及其关联方在关联交易中执行的功能、承担的风险以及使用的资产等相关信息，并参照填写《企业功能风险分析表》；（5）企业集团合并财务报表，可视企业集团会计年度情况延期准备，但最迟不得超过关联交易发生年度的次年12月31日。

第三，关联交易情况，包括以下七个方面的内容：（1）关联交易类型、参与方、时间、金额、结算货币、交易条件等；（2）关联交易所采用的贸易方式、年度变化情况及其理由；（3）关联交易的业务流程，包括各个环节的信息流、物流和资金流，与非关联交易业务流程的异同；（4）关联交易所涉及的无形资产及其对定价的影响；（5）与关联交易相关的合同或协议副本及其履行情况的说明；（6）对影响关联交易定价的主要经济和法律因素的分析；（7）关联交易和非关联交易的收入、成本、费用和利润的划分情况，不能直接划分的，按照合理比例划分，说明确定该划分比例的理由，并参照填写《企业年度关联交易财务状况分析表》。

第四，可比性分析，包括以下五个方面的内容：（1）可比性分析所考虑的因素，包括交易资产或劳务特性、交易各方功能和风险、合同条款、经济环境、经营策略等。（2）可比企业执行的功能、承担的风险以及使用的资产等相关信息。（3）可比交易的说明，如有形资产的物理特性、质量及其效用；融资业务的正常利率水平、金额、币种、期限、担保、融资人的资信、还款方式、计息方法等；劳务的性质与程度；无形资产的类型及交易形式，通过交易获得的使用无形资产的权利，使用无形资产获得的收益。（4）可比信息来源、选择条件及理由。（5）可比数据的差异调整及理由。

第五，转让定价方法的选择和使用，包括以下五个方面的内容：（1）转让定价方法的选用及理由，企业选择利润法时，须说明对企业集团整体利润或剩余利润水平所做的贡献；（2）可比信息如何支持所选用的转让定价方法；（3）确定可比非关联交易价格或利润的过程中所做的假设和判断；

（4）运用合理的转让定价方法和可比性分析结果，确定可比非关联交易价格或利润，以及遵循独立交易原则的说明；（5）其他支持所选用转让定价方法的资料。

企业在准备上述内容时，务必要做到全面、详尽、准确。在实践中，有些资料是企业财务核算所不掌握的，需要企业内部众多部门的配合才能完成，企业要认识到同期资料本身就是减少转让定价税务风险的积极手段，保存足够的记录并主动提供证明文件，以利于对出现的转让定价问题的检查和解决。准备资料的工作应当在平时逐步进行，否则到第二年汇算清缴期间或税务机关要求资料提交前再做，工作量太大，而且由于人员的变动、时间的推移，要准确备齐税务机关需要的所有资料是比较困难的。此外，还要注意集团企业间、企业内部各部门间的配合，一项产品和服务从开发商到生产商再到供应商，中间有很多环节，哪个环节资料连接不上都可能给企业带来风险，对集团内部存在较多关联交易的企业尤其要注意同期资料的连贯性和完备性。

同期资料准备的期限和形式要求

企业应在关联交易发生年度的次年 5 月 31 日之前准备完毕该年度同期资料，并自税务机关要求之日起 20 日内提供。企业因不可抗力无法按期提供同期资料的，应在不可抗力消除后 20 日内提供同期资料。

企业按照税务机关要求提供的同期资料，须加盖公章，并由法定代表人或法定代表人授权的代表签字或盖章。同期资料涉及引用的信息资料，应标明出处来源。

企业因合并、分立等原因变更或注销税务登记的，应由合并、分立后的企业保存同期资料。

同期资料应使用中文。如原始资料为外文的，应附送中文副本。

同期资料应自企业关联交易发生年度的次年 6 月 1 日起保存 10 年。

拒绝提供同期资料的后果

《企业所得税法》第四十四条规定：“企业不提供与其关联方之间业务往来资料，或者提供虚假、不完整资料，未能真实反映其关联业务往来情况的，税务机关有权依法核定其应纳税所得额。”《企业所得税法》第一百一十五条规定，核定企业的应纳税所得额时，可以采用下列方法：（1）参照同类或者类似企业的利润率水平核定；（2）按照企业成本加合理的费用和利润的方法核定；（3）按照关联企业集团整体利润的合理比例核定；（4）按照其他合理方法核定。企业对税务机关按照前述规定的方法核定的应纳税所得额有异议的，应当提供相关证据，经税务机关认定后，调整核定的应纳税所得额。

3 转让定价方法

独立交易原则与转让定价方法的种类

《企业所得税法》第四十一条规定：“企业与其关联方共同开发、受让无形资产，或者共同提供、接受劳务发生的成本，在计算应纳税所得额时应当按照独立交易原则进行分摊。”《企业所得税法实施条例》第十一条对独立交易原则进行了解释：是指没有关联关系的交易各方，按照公平成交价格和营业常规进行业务往来遵循的原则。

《企业所得税法》第四十一条规定：“企业与其关联方之间的业务往来，不符合独立交易原则而减少企业或者其关联方应纳税收入或者所得额的，税务机关有权按照合理方法调整。”《企业所得税法实施条例》第十二条对合理方法进行了界定，具体包括：(1) 可比非受控价格法，是指按照没有关联关系的交易各方进行相同或者类似业务往来的价格进行定价的方法；(2) 再销售价格法，是指按照从关联方购进商品再销售给没有关联关系的交易方的价格，减除相同或者类似业务的销售毛利进行定价的方法；(3) 成本加成法，是指按照成本加合理的费用和利润进行定价的方法；(4) 交易净利润法，是指按照没有关联关系的交易各方进行相同或者类似业务往来取得的净利润水平确定利润的方法；(5) 利润分割法，是指将企业与其关联方的合并利润或者亏损在各方之间采用合理标准进行分配的方法；（6）其他符合独立交易原则的方法。

《特别纳税调整实施办法》第二十一条规定：企业发生关联交易以及税务机关审核、评估关联交易均应遵循独立交易原则，选用合理的转让定价方法。转让定价方法包括可比非受控价格法、再销售价格法、成本加成法、交易净利润法、利润分割法和其他符合独立交易原则的方法。

可比性分析的因素

《特别纳税调整实施办法》第二十二条规定：选用合理的转让定价方法应进行可比性分析。可比性分析因素主要包括以下五个方面。

第一，交易资产或劳务特性，主要包括：有形资产的物理特性、质量、数量等，劳务的性质和范围，无形资产的类型、交易形式、期限、范围、预期收益等。

第二，交易各方功能和风险。功能主要包括：研发、设计、采购、加工、装配、制造、存货管理、分销、售后服务、广告、运输、仓储、融资、财务、会计、法律及人力资源管理等，在比较功能时，应关注企业为发挥功能所使用资产的相似程度。风险主要包括：研发风险、采购风险、生产风险、分销风险、市场推广风险、管理及财务风险等。

第三，合同条款，主要包括：交易标的，交易数量、价格，收付款方式和条件，交货条件，售后服务范围和条件，提供附加劳务的约定，变更、修改合同内容的权利，合同有效期，终止或续签合同的权利。

第四，经济环境，主要包括：行业概况、地理区域、市场规模、市场层级、市场占有率、市场竞争程度、消费者购买力、商品或劳务可替代性、生产要素价格、运输成本、政府管制等。

第五，经营策略，主要包括：创新和开发策略、多元化经营策略、风险规避策略、市场占有策略等。

可比非受控价格法的适用

可比非受控价格法以非关联方之间进行的与关联交易相同或类似业务活动所收取的价格作为关联交易的公平成交价格。

可比性分析应特别考察关联交易与非关联交易在交易资产或劳务的特性、合同条款及经济环境上的差异，按照不同交易类型具体包括如下内容。

第一，有形资产的购销或转让，具体考察四个方面的因素：（1）购销或转让过程，包括交易的时间与地点、交货条件、交货手续、支付条件、交易数量、售后服务的时间和地点等；（2）购销或转让环节，包括出厂环节、批发环节、零售环节、出口环节等；（3）购销或转让货物，包括品名、品牌、规格、型号、性能、结构、外形、包装等；（4）购销或转让环境，包括民族风俗、消费者偏好、政局稳定程度以及财政、税收、外汇政策等。

第二，有形资产的使用，具体考察三个方面的因素：（1）资产的性能、规格、型号、结构、类型、折旧方法；（2）提供使用权的时间、期限、地点；（3）资产所有者对资产的投资支出、维修费用等。

第三，无形资产的转让和使用，具体考察两个方面的因素：（1）无形资产类别、用途、适用行业、预期收益；（2）无形资产的开发投资、转让条件、独占程度、受有关国家法律保护的程度及期限、受让成本和费用、功能风险情况、可替代性等。

第四，融通资金，具体考察以下因素：融资的金额、币种、期限、担保、融资人的资信、还款方式、计息方法等。

第五，提供劳务，具体考察以下因素：业务性质、技术要求、专业水准、承担责任、付款条件和方式、直接和间接成本等。

关联交易与非关联交易之间在以上方面存在重大差异的，应就该差异对价格的影响进行合理调整，无法合理调整的，应选择其他合理的转让定价方法。

可比非受控价格法可以适用于所有类型的关联交易。

再销售价格法的适用

再销售价格法以关联方购进商品再销售给非关联方的价格减去可比非关联交易毛利后的金额作为关联方购进商品的公平成交价格。其计算公式如下：

公平成交价格 = 再销售给非关联方的价格 ×（1 - 可比非关联交易毛利率）

可比非关联交易毛利率 = 可比非关联交易毛利/可比非关联交易收入净额 ×100%

可比性分析应特别考察关联交易与非关联交易在功能风险及合同条款上的差异以及影响毛利率的其他因素，具体包括销售、广告及服务功能，存货风险，机器、设备的价值及使用年限，无形资产的使用及价值，批发或零售环节，商业经验，会计处理及管理效率等。

关联交易与非关联交易之间在以上方面存在重大差异的，应就该差异对毛利率的影响进行合理调整，无法合理调整的，应根据相应规定选择其他合理的转让定价方法。

再销售价格法通常适用于再销售者未对商品进行改变外形、性能、结构或更换商标等实质性增值加工的简单加工或单纯购销业务。

成本加成法的适用

成本加成法以关联交易发生的合理成本加上可比非关联交易毛利作为关联交易的公平成交价格。其计算公式如下：

公平成交价格 = 关联交易的合理成本 ×（1 + 可比非关联交易成本加成率）

可比非关联交易成本加成率 = 可比非关联交易毛利/可比非关联交易成本 ×100%

可比性分析应特别考察关联交易与非关联交易在功能风险及合同条款上的差异以及影响成本加成率的其他因素，具体包括制造、加工、安装及测试功能，市场及汇兑风险，机器、设备的价值及使用年限，无形资产的使用及价值，商业经验，会计处理及管理效率等。

关联交易与非关联交易之间在以上方面存在重大差异的，应就该差异对成本加成率的影响进行合理调整，无法合理调整的，应根据相应规定选择其他合理的转让定价方法。

成本加成法通常适用于有形资产的购销、转让和使用，劳务提供或资金融通的关联交易。

交易净利润法的适用

交易净利润法以可比非关联交易的利润率指标确定关联交易的净利润。利润率指标包括资产收益率、销售利润率、完全成本加成率、贝里比率等。

可比性分析应特别考察关联交易与非关联交易之间在功能风险及经济环境上的差异以及影响营业利润的其他因素，具体包括执行功能、承担风险和使用资产，行业和市场情况，经营规模，经济周期和产品生命周期，成本、费用、所得和资产在各交易间的分摊，会计处理及经营管理效率等。

关联交易与非关联交易之间在以上方面存在重大差异的，应就该差异对营业利润的影响进行合理调整，无法合理调整的，应根据相应规定选择其他合理的转让定价方法。

交易净利润法通常适用于有形资产的购销、转让和使用，无形资产的转让和使用以及劳务提供等关联交易。

利润分割法的适用

利润分割法根据企业与其关联方对关联交易合并利润的贡献计算各自

应该分配的利润额。利润分割法分为一般利润分割法和剩余利润分割法。

一般利润分割法根据关联交易各参与方所执行的功能、承担的风险以及使用的资产，确定各自应取得的利润。

剩余利润分割法将关联交易各参与方的合并利润减去分配给各方的常规利润的余额作为剩余利润，再根据各方对剩余利润的贡献程度进行分配。

可比性分析应特别考察交易各方执行的功能、承担的风险和使用的资产，成本、费用、所得和资产在各交易方之间的分摊，会计处理，确定交易各方对剩余利润贡献所使用信息和假设条件的可靠性等。

利润分割法通常适用于各参与方关联交易高度整合且难以单独评估各方交易结果的情况。

4 转让定价调查及调整制度

调查权的一般规定

根据《税收征收管理法》第五十四条的规定，税务机关有权检查纳税人的账簿、记账凭证、报表和有关资料，检查扣缴义务人代扣代缴、代收代缴税款账簿、记账凭证和有关资料。根据《税收征收管理法实施细则》第八十六条的规定，税务机关行使上述职权时，可以在纳税人、扣缴义务人的业务场所进行；必要时，经县以上税务局（分局）局长批准，可以将纳税人、扣缴义务人以前会计年度的账簿、记账凭证、报表和其他有关资料调回税务机关检查，但是税务机关必须向纳税人、扣缴义务人开付清单，并在 3 个月内完整退还；有特殊情况的，经设区的市、自治州以上税务局局长批准，税务机关可以将纳税人、扣缴义务人当年的账簿、记账凭证、报表和其他有关资料调回检查，但是税务机关必须在 30 日内退还。

《特别纳税调整实施办法》第二十八条规定：税务机关有权依据《税收征收管理法》及其实施细则有关税务检查的规定，确定调查企业，进行转让定价调查、调整。被调查企业必须据实报告其关联交易情况，并提供相关资料，不得拒绝或隐瞒。

被调查企业的选择

转让定价调查应重点选择以下企业：（1）关联交易数额较大或类型较多的企业；（2）长期亏损、微利或跳跃性盈利的企业；（3）低于同行业利润水平的企业；（4）利润水平与其所承担的功能风险明显不相匹配的企业；（5）与避税港关联方发生业务往来的企业；（6）未按规定进行关联申报或准备同期资料的企业；（7）其他明显违背独立交易原则的企业。

实际税负相同的境内关联方之间的交易，只要该交易没有直接或间接导致国家总体税收收入的减少，原则上不做转让定价调查、调整。

税务机关应结合日常征管工作，开展案头审核，确定调查企业。案头审核应主要根据被调查企业历年报送的年度所得税申报资料及关联业务往来报告表等纳税资料，对企业的生产经营状况、关联交易等情况进行综合评估分析。企业可以在案头审核阶段向税务机关提供同期资料。

现场调查

税务机关对已确定的调查对象，应根据《企业所得税法》第六章、《企业所得税法实施条例》第六章、《税收征收管理法》第四章及《税收征收管理法实施细则》第六章的规定，实施现场调查。现场调查必须遵守以下规定：（1）现场调查人员须2名以上；（2）现场调查时调查人员应出示《税务检查证》，并送达《税务检查通知书》；（3）现场调查可根据需要依照法定程序采取询问、调取账簿资料和实地核查等方式；（4）询问当事人应有专人记录《询问（调查）笔录》，并告知当事人不如实提供情况应当承担的法律责任，《询问（调查）笔录》应交当事人核对确认；（5）需调取账簿及有关资料的，应按照《税收征收管理法实施细则》第八十六条的规定，填制《调取账簿资料通知书》《调取账簿资料清单》，办理有关法定手续，调取的账簿、记账凭证等资料，应妥善保管，并按法定时限如数退还；（6）实地核查过程中发现的问题和情况，由调查人员填写《询问

（调查）笔录》，《询问（调查）笔录》应由2名以上调查人员签字，并根据需要由被调查企业核对确认，若被调查企业拒绝，可由2名以上调查人员签认备案；（7）可以以记录、录音、录像、照相和复制的方式索取与案件有关的资料，但必须注明原件的保存方及出处，由原件保存或提供方核对签注“与原件核对无误”字样，并盖章或押印；（8）需要证人作证的，应事先告知证人不如实提供情况应当承担的法律责任，证人的证言材料应由本人签字或押印。

企业提供资料的义务

《企业所得税法》第四十三条规定：“税务机关在进行关联业务调查时，企业及其关联方，以及与关联业务调查有关的其他企业，应当按照规定提供相关资料。”《企业所得税法实施条例》第一百一十四条规定：“与关联业务调查有关的其他企业，是指与被调查企业在生产经营内容和方式上相类似的企业。”根据上述规定，税务机关在实施转让定价调查时，有权要求企业及其关联方，以及与关联业务调查有关的其他企业（以下简称“可比企业”）提供相关资料，并送达《税务事项通知书》。

企业应在《税务事项通知书》规定的期限内提供相关资料，因特殊情况不能按期提供的，应向税务机关提交书面延期申请，经批准，可以延期提供，但最长不得超过30日。税务机关应自收到企业延期申请之日起15日内函复，逾期未函复的，视同税务机关已同意企业的延期申请。

企业的关联方以及可比企业应在与税务机关约定的期限内提供相关资料，约定期限一般不应超过60日。

企业、关联方及可比企业应按税务机关要求提供真实、完整的相关资料。

税务机关应核实企业申报信息，并要求企业填制《企业可比性因素分析表》。税务机关在企业关联申报和提供资料的基础上，填制《企业关联关系认定表》《企业关联交易认定表》和《企业可比性因素分析认定表》，并由被调查企业核对确认。

税务机关的调查取证与审核

转让定价调查涉及向关联方和可比企业调查取证的，税务机关向企业送达《税务检查通知书》，进行调查取证。

税务机关审核企业、关联方及可比企业提供的相关资料，可采用现场调查、发函协查和查阅公开信息等方式核实。需取得境外有关资料的，可按有关规定启动税收协定的情报交换程序，或通过我驻外机构调查收集有关信息。涉及境外关联方的相关资料，税务机关也可要求企业提供公证机构的证明。

税务机关应选用规定的转让定价方法分析、评估企业关联交易是否符合独立交易原则，分析评估时可以使用公开信息资料，也可以使用非公开信息资料。

税务机关分析、评估企业关联交易时，因企业与可比企业营运资本占用不同而对营业利润产生的差异原则上不做调整。确需调整的，须层报国家税务总局批准。

按照关联方订单从事加工制造，不承担经营决策、产品研发、销售等功能的企业，不应承担由于决策失误、开工不足、产品滞销等原因带来的风险和损失，通常应保持一定的利润率水平。对出现亏损的企业，税务机关应在经济分析的基础上，选择适当的可比价格或可比企业，确定企业的利润水平。

企业与关联方之间收取价款与支付价款的交易相互抵销的，税务机关在可比性分析和纳税调整时，原则上应还原抵销交易。

税务机关采用四分位法分析、评估企业利润水平时，企业利润水平低于可比企业利润率区间中位值的，原则上应按照不低于中位值进行调整。

调查结论的做出

经调查，企业关联交易符合独立交易原则的，税务机关应做出转让定价调查结论，并向企业送达《特别纳税调查结论通知书》。

经调查，企业关联交易不符合独立交易原则而减少其应纳税收入或者所得额的，税务机关应按以下程序实施转让定价纳税调整：（1）在测算、论证和可比性分析的基础上，拟定特别纳税调查初步调整方案。（2）根据初步调整方案与企业协商谈判，税企双方均应指定主谈人，调查人员应做好《协商内容记录》，并由双方主谈人签字确认，若企业拒签，可由2名以上调查人员签认备案。（3）企业对初步调整方案有异议的，应在税务机关规定的期限内进一步提供相关资料，税务机关收到资料后，应认真审核，并及时做出审议决定。（4）根据审议决定，向企业送达《特别纳税调查初步调整通知书》，企业对初步调整意见有异议的，应自收到通知书之日起7日内书面提出，税务机关收到企业意见后，应再次协商审议；企业逾期未提出异议的，视为同意初步调整意见。（5）确定最终调整方案，向企业送达《特别纳税调查调整通知书》。

企业收到《特别纳税调查调整通知书》后，应按规定期限缴纳税款及利息。

跟踪管理

税务机关对企业实施转让定价纳税调整后，应自企业被调整的最后年度的下一年度起5年内实施跟踪管理。在跟踪管理期内，企业应在跟踪年度的次年6月20日之前向税务机关提供跟踪年度的同期资料，税务机关根据同期资料和纳税申报资料重点分析、评估以下内容：（1）企业投资、经营状况及其变化情况；（2）企业纳税申报额变化情况；（3）企业经营成果变化情况；（4）关联交易变化情况等。

税务机关在跟踪管理期内发现企业转让定价异常等情况，应及时与企业沟通，要求企业自行调整，或按照有关规定开展转让定价调查调整。

2009年4月16日，国家税务总局发布《关于加强转让定价跟踪管理有关问题的通知》（国税函〔2009〕188号），规定：2008年1月1日以后结案的转让定价调整案件，税务机关应自企业被调整的最后年度的下一年度起 5 年内实施跟踪管理。跟踪管理期内，涉及 2008 年度的转让定价调整，企业应在 2009 年 12 月 31 日之前向税务机关提供年度同期资料；涉及 2009 年及以后年度的转让定价调整，企业应在跟踪年度的次年 6 月 20 日之前向税务机关提供年度同期资料。税务机关应根据同期资料和纳税申报资料做好分析、评估工作。各地税务机关应建立健全转让定价跟踪管理监控机制，对于在跟踪管理年度提出谈签预约定价安排申请的企业，在预约定价安排正式签署之前，税务机关应严格按照转让定价调整方案，对企业的关联交易实施跟踪管理，防止企业利润下滑，保证税款及时足额入库。

5 预约定价安排管理制度

一般性规定

《税收征收管理法》第五十三条规定："纳税人可以向主管税务机关提出与其关联企业之间业务往来的定价原则和计算方法，主管税务机关审核、批准后，与纳税人预先约定有关定价事项，监督纳税人执行。"这里肯定了预约定价安排的合法性，但并未明确提出预约定价安排的概念。《企业所得税法》第四十二条规定："企业可以向税务机关提出与其关联方之间业务往来的定价原则和计算方法，税务机关与企业协商、确认后，达成预约定价安排。"这里明确提出了"预约定价安排"的概念。《企业所得税法实施条例》第一百一十三条规定："预约定价安排，是指企业就其未来年度关联交易的定价原则和计算方法，向税务机关提出申请，与税务机关按照独立交易原则协商、确认后达成的协议。"

《特别纳税调整实施办法》第四十六条规定：企业可以依据规定，与税务机关就企业未来年度关联交易的定价原则和计算方法达成预约定价安排。预约定价安排的谈签与执行通常经过预备会谈、正式申请、审核评估、磋商、签订安排和监控管理6个阶段。预约定价安排包括单边、双边和多边3种类型。

举例如下：

2005年4月19日在北京由中日两国税务主管当局就东芝复印机（深圳）有限公司双边预约定价安排事宜正式签署了有关协议，9月9日深圳市地税局与东芝复印机（深圳）有限公司签署预约定价安排。这是我国首例双边预约定价安排。2007年4月20日，沃尔玛集团在华九家子公司与国家税务总局在深圳市地税局签署了双边预约定价安排。这是中美首例双边预约定价安排。2007年12月20日，苏州工业园区国家税务局与三星电子（苏州）半导体有限公司签署了苏州工业园区国家税务局与三星电子（苏州）半导体有限公司双边预约定价安排。这是中韩两国之间的第一例预约定价安排。

预约定价安排的受理机关与适用范围

预约定价安排应由设区的市、自治州以上的税务机关受理。

预约定价安排一般适用于同时满足以下条件的企业：（1）年度发生的关联交易金额在4 000万元人民币以上；（2）依法履行关联申报义务；（3）按规定准备、保存和提供同期资料。

预约定价安排适用于自企业提交正式书面申请年度的次年起3~5个连续年度的关联交易。预约定价安排的谈签不影响税务机关对企业提交预约定价安排正式书面申请当年或以前年度关联交易的转让定价调查调整。如果企业申请当年或以前年度的关联交易与预约定价安排适用年度相同或类似，经企业申请，税务机关批准，可将预约定价安排确定的定价原则和计算方法适用于申请当年或以前年度关联交易的评估和调整。

预备会谈

企业正式申请谈签预约定价安排前，应向税务机关书面提出谈签意向，税务机关可以根据企业的书面要求，与企业就预约定价安排的相关内容及达成预约定价安排的可行性开展预备会谈，并填制《预约定价安排会谈记录》。预备会谈可以采用匿名的方式。

企业申请单边预约定价安排的，应向税务机关书面提出谈签意向。在预备会谈期间，企业应就以下内容提供资料，并与税务机关进行讨论：（1）安排的适用年度；（2）安排涉及的关联方及关联交易；（3）企业以前年度生产经营情况；（4）安排涉及各关联方功能和风险的说明；（5）是否应用安排确定的方法解决以前年度的转让定价问题；（6）其他需要说明的情况。

企业申请双边或多边预约定价安排的，应同时向国家税务总局和主管税务机关书面提出谈签意向，国家税务总局组织与企业开展预备会谈，预备会谈的内容除上述规定外，还应特别包括：（1）向税收协定缔约对方税务主管当局提出预备会谈申请的情况；（2）安排涉及的关联方以前年度生产经营情况及关联交易情况；（3）向税收协定缔约对方税务主管当局提出的预约定价安排拟采用的定价原则和计算方法。

预备会谈达成一致意见的，税务机关应自达成一致意见之日起15日内书面通知企业，可以就预约定价安排相关事宜进行正式谈判，并向企业送达《预约定价安排正式会谈通知书》；预备会谈不能达成一致意见的，税务机关应自最后一次预备会谈结束之日起15日内书面通知企业，向企业送达《拒绝企业申请预约定价安排通知书》，拒绝企业申请预约定价安排，并说明理由。

正式申请

企业应在接到税务机关正式会谈通知之日起3个月内，向税务机关提出预约定价安排书面申请报告，并报送《预约定价安排正式申请书》。企业申请双边或多边预约定价安排的，应将《预约定价安排正式申请书》和《启动相互协商程序申请书》同时报送国家税务总局和主管税务机关。

预约定价安排书面申请报告应包括如下内容：（1）相关的集团组织架构、公司内部结构、关联关系、关联交易情况；（2）企业近三年财务、会计报表资料，产品功能和资产（包括无形资产和有形资产）的资料；（3）安排所涉及的关联交易类别和纳税年度；（4）关联方之间功能和风险划分，包括划分所依据的机构、人员、费用、资产等；（5）安排适用的转让定价原则和计算方法，以及支持这一原则和方法的功能风险分析、可比性分析和假设条件等；（6）市场情况的说明，包括行业发展趋势和竞争环境；（7）安排预约期间的年度经营规模、经营效益预测以及经营规划等；（8）与安排有关的关联交易、经营安排及利润水平等财务方面的信息；（9）是否涉及双重征税等问题；（10）涉及境内、外有关法律、税收协定等相关问题。

企业因下列特殊原因无法按期提交书面申请报告的，可向税务机关提出书面延期申请，并报送《预约定价安排正式申请延期报送申请书》：（1）需要特别准备某些方面的资料；（2）需要对资料做技术上的处理，如文字翻译等；（3）其他非主观原因。

税务机关应自收到企业书面延期申请后15日内，对其延期事项做出书面答复，并向企业送达《预约定价安排正式申请延期报送答复书》。逾期未做出答复的，视同税务机关已同意企业的延期申请。

上述申请内容所涉及的文件资料和情况说明，包括能够支持拟选用的定价原则、计算方法和能证实符合预约定价安排条件的所有文件资料，企业和税务机关均应妥善保存。

审核评估

税务机关应自收到企业提交的预约定价安排正式书面申请及所需文件、资料之日起5个月内，进行审核和评估。根据审核和评估的具体情况可要求企业补充提供有关资料，形成审核评估结论。

因特殊情况，需要延长审核评估时间的，税务机关应及时书面通知企业，并向企业送达《预约定价安排审核评估延期通知书》，延长期限不得超过3个月。

税务机关应主要审核和评估以下内容。

（1）历史经营状况，分析、评估企业的经营规划、发展趋势、经营范围等文件资料，重点审核可行性研究报告、投资预（决）算、董事会决议等，综合分析反映经营业绩的有关信息和资料，如财务、会计报表、审计报告等。

（2）功能和风险状况，分析、评估企业与其关联方之间在供货、生产、运输、销售等各环节以及在研究、开发无形资产等方面各自所拥有的份额，执行的功能以及在存货、信贷、外汇、市场等方面所承担的风险。

（3）可比信息，分析、评估企业提供的境内、外可比价格信息，说明可比企业和申请企业之间的实质性差异，并进行调整。若不能确认可比交易或经营活动的合理性，应明确企业须进一步提供的有关文件、资料，以证明其所选用的转让定价原则和计算方法公平地反映了被审核的关联交易和经营现状，并得到相关财务、经营等资料的证实。

（4）假设条件，分析、评估对行业盈利能力和对企业生产经营的影响因素及其影响程度，合理确定预约定价安排适用的假设条件。

（5）转让定价原则和计算方法，分析、评估企业在预约定价安排中选用的转让定价原则和计算方法是否以及如何真实地运用于以前、现在和未来年度的关联交易以及相关财务、经营资料之中，是否符合法律、法规的规定。

（6）预期的公平交易价格或利润区间，通过对确定的可比价格、利润率、可比企业交易等情况的进一步审核和评估，测算出税务机关和企业均可接受的价格或利润区间。

磋商

税务机关应自单边预约定价安排形成审核评估结论之日起30日内，与企业进行预约定价安排磋商，磋商达成一致的，应将预约定价安排草案和审核评估报告一并层报国家税务总局审定。

国家税务总局与税收协定缔约对方税务主管当局开展双边或多边预约定价安排的磋商，磋商达成一致的，根据磋商备忘录拟定预约定价安排草案。

预约定价安排草案应包括如下内容：（1）关联方名称、地址等基本信息；（2）安排涉及的关联交易及适用年度；（3）安排选定的可比价格或交易、转让定价原则和计算方法、预期经营结果等；（4）与转让定价方法运用和计算基础相关的术语定义；（5）假设条件；（6）企业年度报告、记录保存、假设条件变动通知等义务；（7）安排的法律效力，文件资料等信息的保密性；（8）相互责任条款；（9）安排的修订；（10）解决争议的方法和途径；（11）生效日期；（12）附则。

签订安排

税务机关与企业就单边预约定价安排草案内容达成一致后，双方的法定代表人或法定代表人授权的代表正式签订单边预约定价安排。国家税务总局与税收协定缔约对方税务主管当局就双边或多边预约定价安排草案内容达成一致后，双方或多方税务主管当局授权的代表正式签订双边或多边预约定价安排。主管税务机关根据双边或多边预约定价安排与企业签订《双边（多边）预约定价安排执行协议书》。

在预约定价安排正式谈判后和预约定价安排签订前，税务机关和企业均可暂停、终止谈判。涉及双边或多边预约定价安排的，经缔约各方税务主管当局协商，可暂停、终止谈判。终止谈判的，双方应将谈判中相互提供的全部资料退还给对方。

监控管理

税务机关应建立监控管理制度，监控预约定价安排的执行情况。

第一，在预约定价安排执行期内，企业应完整保存与安排有关的文件和资料（包括账簿和有关记录等），不得丢失、销毁和转移；并在纳税年度终了后5个月内，向税务机关报送执行预约定价安排情况的年度报告。年度报告应说明报告期内经营情况以及企业遵守预约定价安排的情况，包括预约定价安排要求的所有事项，以及是否有修订或实质上终止该预约定价安排的要求。如有未决问题或将要发生的问题，企业应在年度报告中予以说明，以便与税务机关协商是否修订或终止安排。

第二，在预约定价安排执行期内，税务机关应定期（一般为半年）检查企业履行安排的情况。检查内容主要包括：企业是否遵守了安排条款及要求；为谈签安排而提供的资料和年度报告是否反映了企业的实际经营情况；转让定价方法所依据的资料和计算方法是否正确；安排所描述的假设条件是否仍然有效；企业对转让定价方法的运用是否与假设条件相一致等。税务机关如发现企业有违反安排的一般情况，可视情况进行处理，直至终止安排；如发现企业存在隐瞒或拒不执行安排的情况，税务机关应认定预约定价安排自始无效。

第三，在预约定价安排执行期内，如果企业发生实际经营结果不在安排所预期的价格或利润区间之内的情况，税务机关应在报经上一级税务机关核准后，将实际经营结果调整到安排所确定的价格或利润区间内。涉及双边或多边预约定价安排的，应当层报国家税务总局核准。

第四，在预约定价安排执行期内，企业发生影响预约定价安排的实质性变化，应在发生变化后30日内向税务机关书面报告，详细说明该变化对预约定价安排执行的影响，并附相关资料。由于非主观原因而无法按期报告的，可以延期报告，但延长期不得超过30日。税务机关应在收到企业书面报告之日起60日内，予以审核和处理，包括审查企业变化情况、与企业协商修订预约定价安排条款和相关条件，或根据实质性变化对预约定价安排的影响程度采取修订或终止安排等措施。原预约定价安排终止执行后，税务机关可以和企业按照相应规定的程序和要求，重新谈签新的预约定价安排。

第五，国家税务局和地方税务局与企业共同签订的预约定价安排，在执行期内，企业应分别向国家税务局和地方税务局报送执行预约定价安排情况的年度报告和实质性变化报告。国家税务局和地方税务局应对企业执行安排的情况，实行联合检查和审核。

续签

预约定价安排期满后自动失效。如企业需要续签的，应在预约定价安排执行期满前90日内向税务机关提出续签申请，报送《预约定价安排续签申请书》，并提供可靠的证明材料，说明现行预约定价安排所述事实和相关环境没有发生实质性变化，并且一直遵守该预约定价安排中的各项条款和约定。税务机关应自收到企业续签申请之日起15日内做出是否受理的书面答复，向企业送达《预约定价安排申请续签答复书》。税务机关应审核、评估企业的续签申请资料，与企业协商拟定预约定价安排草案，并按双方商定的续签时间、地点等相关事宜，与企业完成续签工作。

其他事项

预约定价安排的谈签或执行同时涉及两个以上省、自治区、直辖市和计划单列市税务机关，或者同时涉及国家税务局和地方税务局的，由国家税务总局统一组织协调。企业可以直接向国家税务总局书面提出谈签意向。

税务机关与企业达成的预约定价安排，只要企业遵守了安排的全部条款及其要求，各地国家税务局、地方税务局均应执行。

税务机关与企业在预约定价安排预备会谈、正式谈签、审核、分析等全过程中所获取或得到的所有信息资料，双方均负有保密义务。税务机关和企业每次会谈，均应对会谈内容进行书面记录，同时载明每次会谈时相互提供资料的份数和内容，并由双方主谈人员签字或盖章。

税务机关与企业不能达成预约定价安排的，税务机关在会谈、协商过程中所获取的有关企业的提议、推理、观念和判断等非事实性信息，不得用于以后对该预约定价安排涉及交易行为的税务调查。

在预约定价安排执行期间，如果税务机关与企业发生分歧，双方应进行协商。协商不能解决的，可报上一级税务机关协调；涉及双边或多边预约定价安排的，须层报国家税务总局协调。对上一级税务机关或国家税务总局的协调结果或决定，下一级税务机关应当予以执行。但企业仍不能接受的，应当终止安排的执行。

税务机关应在与企业正式签订单边预约定价安排或双边或多边预约定价安排执行协议书后10日内，以及预约定价安排执行中发生修订、终止等情况后20日内，将单边预约定价安排正式文本、双边或多边预约定价安排执行协议书以及安排变动情况的说明层报国家税务总局备案。

6 成本分摊协议管理制度

一般性规定

《企业所得税法》第四十一条规定："企业与其关联方共同开发、受让无形资产，或者共同提供、接受劳务发生的成本，在计算应纳税所得额时应当按照独立交易原则进行分摊。"肯定了成本分摊协议的合法性。根据《企业所得税法实施条例》第一百一十二条的规定，企业可以按照独立交易原则与其关联方分摊共同发生的成本，达成成本分摊协议。企业与其关联方分摊成本时，应当按照成本与预期收益相配比的原则进行分摊，并在税务机关规定的期限内，按照税务机关的要求报送有关资料。企业与其关联方分摊成本时违反上述规定的，其自行分摊的成本不得在计算应纳税所得额时扣除。

举例如下：

A、B 公司达成一项成本分摊协议，共同研发一项专利技术。A 公司该项目本年度发生的研发支出 200 万元，B 公司发生该项目相关的研发支出和其他营业费用合计 400 万元。项目总成本 600 万元，A、B 公司成本分摊比例为 4∶6，A 公司向 B 公司支付 40 万元的费用。最终 A 公司该年度该项目应分摊的成本：200 + 40 = 240（万元）。而 B 公司该年度该项目应分摊的成本：400 - 40 = 360（万元）。

达成成本分摊协议的原则

成本分摊协议的参与方对开发、受让的无形资产或参与的劳务活动享有受益权，并承担相应的活动成本。关联方承担的成本应与非关联方在可比条件下为获得上述受益权而支付的成本相一致。参与方使用成本分摊协议所开发或受让的无形资产不需另支付特许权使用费。

企业对成本分摊协议所涉及无形资产或劳务的受益权应有合理的、可计量的预期收益，且以合理商业假设和营业常规为基础。

涉及劳务的成本分摊协议一般适用于集团采购和集团营销策划。

举例如下：

某跨国集团公司进行一项新生产工艺的研发，其下属A公司和B公司组成了一个研发团队参与到整个跨国集团为研发新工艺的成本分摊协议中。协议规定，产品研发成功后，A公司和B公司不享受新工艺的任何使用权，它们只能按发生的成本从集团获得补偿。在此情况下，A公司和B公司由于无法从成本分摊协议形成的成果使用中获取收益，因而不是成本分摊协议的参与方，而应被视为跨国集团在该项成本分摊协议下的服务提供方。所以，税务机关将不能认可它们仅取得简单的成本补偿，而应作为向关联方提供劳务，根据独立交易原则获取合理的利润。

成本分摊协议的内容与审核

成本分摊协议主要包括以下内容：（1）参与方的名称、所在国家（地区）、关联关系、在协议中的权利和义务；（2）成本分摊协议所涉及的无形资产或劳务的内容、范围，协议涉及研发或劳务活动的具体承担者及其职责、任务；（3）协议期限；（4）参与方预期收益的计算方法和假设；（5）参与方初始投入和后续成本支付的金额、形式、价值确认的方法以及符合独立交易原则的说明；（6）参与方会计方法的运用及变更说明；（7）参与方加入或退出协议的程序及处理规定；（8）参与方之间补偿支付的条件及处理规定；（9）协议变更或终止的条件及处理规定；（10）非参与方使用协议成果的规定。

企业应自成本分摊协议达成之日起30日内，层报国家税务总局备案。税务机关判定成本分摊协议是否符合独立交易原则须层报国家税务总局审核。

成本分摊协议的执行

已经执行并形成一定资产的成本分摊协议，参与方发生变更或协议终止执行，应根据独立交易原则做如下处理：（1）加入支付，即新参与方为获得已有协议成果的受益权应做出合理的支付；（2）退出补偿，即原参与方退出协议安排，将已有协议成果的受益权转让给其他参与方应获得合理的补偿；（3）参与方变更后，应对各方受益和成本分摊情况做出相应调整；（4）协议终止时，各参与方应对已有协议成果做出合理分配。企业不按独立交易原则对上述情况做出处理而减少其应纳税所得额的，税务机关有权做出调整。

举例如下：

A、B、C、D四个关联企业作为参与方达成了一项成本分摊协议共同开发下一代无线通信技术。对于该项研发未来收益的合理估计，参与方同意按如下比例来分摊成本：A分摊40%、B分摊15%、C分摊25%、D分摊20%。由于下一代无线通信技术的开发必须基于对现有技术的使用基础上，因此A、B、C、D都需要将其现在拥有的一项通信专利技术供成本分摊协议各方共同享有和使用。根据独立交易原则，由于四方在加入成本分摊协议时，都提供了一项已有专利供其他方享有并使用，每一方都必须为使用其他方的专利向其他方进行一项“加入支付”。根据独立交易原则，得出了A、B、C、D提供的无形资产的市场公允价值分别为：80万元、40万元、30万元、30万元。各方的“加入支付”和取得的收入以及进行抵销后的相关情况如表8-1所示。

表8-1 四个关联企业相关情况

参与方	A	B	C	D
支付	-40万元	-21万元	-37.5万元	-30万元
收入	48万元	34万元	22.5万元	24万元
结果（抵销）	8万元	13万元	-15万元	-6万元

第二行第二列显示的A应进行的“加入支付”等于（B40万元+C30万元+D30万元）×A对预期收益的分享份额40%。第三行第二列显示的是A由于提供专利，B、C、D支付“加入支付”而取得的收益。A提供的专利的市场价值为80万元，由于B、C、D预计能分享未来收益的份额比例分别为15%、25%和20%，因此，A由于“加入支付”而取得的收入为48万元（即80万元×60%）。最后一行显示的是A、B、C、D各方因“加入支付”所付出的成本和由于其他方作出“加入支付”所取得的收益相抵销后的数额。最终在该纳税年度，A和B分别应取得8万元和13万元的收入，C和D应承担15万元和6万元的支出。

成本分摊协议执行期间，参与方实际分享的收益与分摊的成本不相配比的，应根据实际情况做出补偿调整。

对于符合独立交易原则的成本分摊协议，有关税务处理如下：（1）企业按照协议分摊的成本，应在协议规定的各年度税前扣除；（2）涉及补偿调整的，应在补偿调整的年度计入应纳税所得额；（3）涉及无形资产的成本分摊协议，加入支付、退出补偿或终止协议时对协议成果分配的，应按资产购置或处置的有关规定处理。

企业可采取预约定价安排的方式达成成本分摊协议。企业执行成本分摊协议期间，除应遵守同期资料管理的一般规定外，还应准备和保存以下成本分摊协议的同期资料：（1）成本分摊协议副本；（2）成本分摊协议各参与方之间达成的为实施该协议的其他协议；（3）非参与方使用协议成果的情况、支付的金额及形式；（4）本年度成本分摊协议的参与方加入或退出的情况，包括加入或退出的参与方名称、所在国家（地区）、关联关系，加入支付或退出补偿的金额及形式；（5）成本分摊协议的变更或终止情况，包括变更或终止的原因、对已形成协议成果的处理或分配；（6）本年度按照成本分摊协议发生的成本总额及构成情况；（7）本年度各参与方成本分摊的情况，包括成本支付的金额、形式、对象，做出或接受补偿支付的金额、形式、对象；（8）本年度协议预期收益与实际结果的比较及由此做出的调整。企业执行成本分摊协议期间，无论成本分摊协议是否采取预约定价安排的方式，均应在本年度的次年6月20日之前向税务机关提供成本分摊协议的同期资料。

企业与其关联方签署成本分摊协议，有下列情形之一的，其自行分摊的成本不得税前扣除：（1）不具有合理商业目的和经济实质；（2）不符合独立交易原则；（3）没有遵循成本与收益配比原则；（4）未按《特别纳税调整实施办法》有关规定备案或准备、保存和提供有关成本分摊协议的同期资料；（5）自签署成本分摊协议之日起经营期限少于20年。

7 受控外国企业管理制度

一般规定

《企业所得税法》第四十五条规定:“由居民企业,或者由居民企业和中国居民控制的设立在实际税负明显低于本法第四条第一款规定税率水平的国家(地区)的企业,并非由于合理的经营需要而对利润不作分配或者减少分配的,上述利润中应归属于该居民企业的部分,应当计入该居民企业的当期收入。”

受控外国企业的界定

受控外国企业是指根据《企业所得税法》第四十五条的规定,由居民企业,或者由居民企业和居民个人(以下统称“中国居民股东”,包括中国居民企业股东和中国居民个人股东)控制的设立在实际税负低于25%税率水平50%的国家(地区),并非出于合理经营需要对利润不作分配或减少分配的外国企业。

中国居民,是指根据《个人所得税法》的规定,就其从中国境内、境外取得的所得在中国缴纳个人所得税的个人。

控制,是指在股份、资金、经营、购销等方面构成实质控制。其中,股份控制是指由中国居民股东在纳税年度任何一天单层直接或多层间接单一持有外国企业10%以上有表决权股份，且共同持有该外国企业50%以上股份。中国居民股东多层间接持有股份按各层持股比例相乘计算，中间层持有股份超过50%的，按100%计算。

举例如下：

A公司持有设立在税收筹划地的境外甲公司9%的股份，B公司持有甲公司41%的股份，A公司和B公司并未控制甲公司。因为A公司单一持股比例不符合要求，不能计算在内。

A公司持有设立在税收筹划地的境外甲公司10%的股份，B公司持有甲公司15%的股份，C公司持有甲公司13%的股份，D公司持有甲公司11%的股份，A、B、C、D四个公司并未控制甲公司，因其持股比例未达到50%。

A公司持有B公司50%的股份，B公司持有设立在税收筹划地的境外甲公司10%的股份，则相当于A公司间接持有甲公司5%的股份，A公司的持股比例未达到10%，不予考虑。

A公司持有B公司51%的股份，B公司持有设立在税收筹划地的境外甲公司10%的股份，则相当于A公司间接持有甲公司10%的股份，A公司的持股比例已达到10%，应当予以考虑。

提供资料义务

中国居民企业股东应在年度企业所得税纳税申报时提供对外投资信息，附送《对外投资情况表》。

税务机关应汇总、审核中国居民企业股东申报的对外投资信息，向受控外国企业的中国居民企业股东送达《受控外国企业中国居民股东确认通知书》。中国居民企业股东符合《企业所得税法》第四十五条征税条件的，按照有关规定征税。

视为分配股息的计算

计入中国居民企业股东当期的视同受控外国企业股息分配的所得，应按以下公式计算：

中国居民企业股东当期所得 = 视同股息分配额 × 实际持股天数 ÷ 受控外国企业纳税年度天数 × 股东持股比例

中国居民股东多层间接持有股份的，股东持股比例按各层持股比例相乘计算。

此时对间接持股只能按实际比例相乘计算，不能将超过 50% 的持股比例视为 100% 持股。

举例如下：

A 公司持有 B 公司 80% 的股份，B 公司持有设立在税收筹划地的境外甲公司 10% 的股份，则 A 公司对甲公司的持股比例为 8% 。

受控外国企业与中国居民企业股东纳税年度存在差异的，应将视同股息分配所得计入受控外国企业纳税年度终止日所属的中国居民企业股东的纳税年度。

举例如下：

设立在税收筹划地的境外甲公司纳税年度为 4 月 1 日至次年 3 月 31 日，甲公司 2012 年 4 月 1 日至 2013 年 3 月 31 日期间视同分配的股息应当计入甲公司的控股股东 A 公司 2013 纳税年度。

相关税务处理

计入中国居民企业股东当期所得已在境外缴纳的企业所得税税款，可按照所得税法或税收协定的有关规定抵免。

受控外国企业实际分配的利润已根据《企业所得税法》第四十五条规定征税的，不再计入中国居民企业股东的当期所得。

受控外国企业税制的豁免

中国居民企业股东能够提供资料证明其控制的外国企业满足以下条件之一的，可免于将外国企业不作分配或减少分配的利润视同股息分配额，计入中国居民企业股东的当期所得：（1）设立在国家税务总局指定的非低税率国家（地区）；（2）主要取得积极经营活动所得；（3）年度利润总额低于500万元人民币。

2009年1月21日，国家税务总局发布《关于简化判定中国居民股东控制外国企业所在国实际税负的通知》（国税函〔2009〕37号），中国居民企业或居民个人能够提供资料证明其控制的外国企业设立在美国、英国、法国、德国、日本、意大利、加拿大、澳大利亚、印度、南非、新西兰和挪威的，可免于将该外国企业不作分配或者减少分配的利润视同股息分配额，计入中国居民企业的当期所得。

8 资本弱化管理制度

一般规定

《企业所得税法》第四十六条规定："企业从其关联方接受的债权性投资与权益性投资的比例超过规定标准而发生的利息支出，不得在计算应纳税所得额时扣除。"

不得扣除利息的计算

《企业所得税法》第四十六条所称不得在计算应纳税所得额时扣除的利息支出应按以下公式计算：

不得扣除利息支出 = 年度实际支付的全部关联方利息 × （1 - 标准比例/关联债资比例）

其中：

根据2008年9月19日财政部、国家税务总局发布的《关于企业关联方利息支出税前扣除标准有关税收政策问题的通知》（财税〔2008〕121号）的规定，在计算应纳税所得额时，企业实际支付给关联方的利息支出，不超过以下规定比例和《企业所得税法》及其实施条例有关规定计算的部分，准予扣除，超过的部分不得在发生当期和以后年度扣除。

企业实际支付给关联方的利息支出，除符合下列特殊规定外，其接受关联方债权性投资与其权益性投资比例为：（1）金融企业为5∶1；（2）其他企业为2∶1。

企业同时从事金融业务和非金融业务，其实际支付给关联方的利息支出，应按照合理方法分开计算；没有按照合理方法分开计算的，一律按上述有关其他企业的比例计算准予税前扣除的利息支出。

企业自关联方取得的不符合规定的利息收入应按照有关规定缴纳企业所得税。

举例如下：

历时5个多月，陕西省国税局顺利完成一例反避税协商谈判，谈判结果得到包括企业及其授权代表的充分认可。据悉，这也是国内首例资本弱化税收筹划案件的调查协商谈判工作取得成功。我国资本弱化现象普遍存在，但是国内对资本弱化的反避税调查还处于空白。2011年初，陕西省国税局国际税收管理处在对关联企业台账进行综合分析时，发现一家日本在陕投资公司属于负债企业，却存在大量来自关联方的借款费用。初步案头分析之后可以确认，该公司可能存在通过人为操作，将企业利润以借款费用等形式转移至境外母公司的行为。陕西省国税局对此案进行进一步分析，最终确定了该公司及其境外关联公司存在购销转让定价、预收账款、资本弱化和股权转让等多个税收筹划行为。陕西省国税局随即展开了调查取证和协商谈判工作。税务协商谈判是反避税工作的一个非常重要的环节。在协商谈判过程中，陕西省国税局保持与国家税务总局的密切联系，实时汇报谈判进展，在国家税务总局的支持和指导下开展工作。2011年6月至10月，在多轮会谈中，该局周密准备，始终坚持管理与服务并重，在坚决维护国家税收权益同时，充分维护企业合法权益，全面落实国内税收优惠政策，先后就转让定价方法、可比企业选择、关联关系判定、关联交易认定、债务性投资认定等多个问题与企业进行了商谈。经过十几轮艰苦细致的谈判，陕西省国税局最终与企业及其授权代表普华永道会计师事务所就相关税收问题处理达成共识，圆满完成了该案的协商谈判工作。

关联债资比例的计算

关联债资比例是指企业从其全部关联方接受的债权性投资（以下简称“关联债权投资”）占企业接受的权益性投资（以下简称“权益投资”）的比例，关联债权投资包括关联方以各种形式提供担保的债权性投资。

根据《企业所得税法实施条例》第一百一十九条的规定，债权性投资，是指企业直接或者间接从关联方获得的，需要偿还本金和支付利息或者需要以其他具有支付利息性质的方式予以补偿的融资。企业间接从关联方获得的债权性投资，包括：(1)关联方通过无关联第三方提供的债权性投资；(2)无关联第三方提供的、由关联方担保且负有连带责任的债权性投资；(3)其他间接从关联方获得的具有负债实质的债权性投资。权益性投资，是指企业接受的不需要偿还本金和支付利息，投资人对企业净资产拥有所有权的投资。

关联债资比例的具体计算方法如下：

关联债资比例＝年度各月平均关联债权投资之和/年度各月平均权益投资之和

其中：

各月平均关联债权投资＝(关联债权投资月初账面余额＋月末账面余额)/2

各月平均权益投资＝(权益投资月初账面余额＋月末账面余额)/2

权益投资为企业资产负债表所列示的所有者权益金额。如果所有者权益小于实收资本（股本）与资本公积之和，则权益投资为实收资本（股本）与资本公积之和；如果实收资本（股本）与资本公积之和小于实收资本（股本）金额，则权益投资为实收资本（股本）金额。

利息支出包括直接或间接关联债权投资实际支付的利息、担保费、抵押费和其他具有利息性质的费用。

不得在计算应纳税所得额时扣除的利息支出，不得结转到以后纳税年度；应按照实际支付给各关联方利息占关联方利息总额的比例，在各关联方之间进行分配，其中，分配给实际税负高于企业的境内关联方的利息准予扣除；直接或间接实际支付给境外关联方的利息应视同分配的股息，按照股息和利息分别适用的所得税税率差补征企业所得税，如已扣缴的所得税税款多于按股息计算应征所得税税款，多出的部分不予退税。

上述所称“实际支付利息”是指企业按照权责发生制原则计入相关成本、费用的利息。企业实际支付关联方利息存在转让定价问题的，税务机关应首先按照转让定价调查及调整的有关规定实施转让定价调查调整。

符合独立交易原则的利息支出

根据2008年9月19日，财政部、国家税务总局发布的《关于企业关联方利息支出税前扣除标准有关税收政策问题的通知》（财税〔2008〕121号）的规定，企业如果能够按照《企业所得税法》及其实施条例的有关规定提供相关资料，并证明相关交易活动符合独立交易原则的；或者该企业的实际税负不高于境内关联方的，其实际支付给境内关联方的利息支出，在计算应纳税所得额时准予扣除。

企业关联债资比例超过标准比例的利息支出，如要在计算应纳税所得额时扣除，除遵照同期资料管理的规定外，还应准备、保存，并按税务机关要求提供以下同期资料，证明关联债权投资金额、利率、期限、融资条件以及债资比例等均符合独立交易原则：（1）企业偿债能力和举债能力分析；（2）企业集团举债能力及融资结构情况分析；（3）企业注册资本等权益投资的变动情况说明；（4）关联债权投资的性质、目的及取得时的市场状况；（5）关联债权投资的货币种类、金额、利率、期限及融资条件；（6）企业提供的抵押品情况及条件；（7）担保人状况及担保条件；（8）同类同期贷款的利率情况及融资条件；（9）可转换公司债券的转换条件；（10）其他能够证明符合独立交易原则的资料。

企业未按规定准备、保存和提供同期资料证明关联债权投资金额、利率、期限、融资条件以及债资比例等符合独立交易原则的，其超过标准比例的关联方利息支出，不得在计算应纳税所得额时扣除。

举例如下：

甲公司和乙公司均是中国居民企业，甲公司向乙公司投资100万元，乙公司为非金融企业。2013年，甲公司向乙公司贷款300万元，年利率为7%，该利率等于银行同期同类贷款利率。甲公司和乙公司均适用25%的企业所得税税率。由于乙公司的实际税负不高于甲公司，因此，虽然乙公司接受甲公司债权性投资与其权益性投资比例已经超过2:1，乙公司实际支付的利息仍然可以扣除。因此，乙公司可以税前扣除的利息为：300×7%＝21（万元）。

丙公司和丁公司均是中国居民企业，丙公司向丁公司投资100万元，丁公司为非金融企业。2013年，丙公司向丁公司贷款300万元，年利率为7%，该利率等于银行同期同类贷款利率。丙公司适用15%的企业所得税税率，丁公司适用25%的企业所得税税率。由于丁公司的实际税负高于丙公司，因此，丁公司接受丙公司债权性投资与其权益性投资比例超过2:1部分所支付的利息不能扣除。因此，丁公司可以税前扣除的利息为：200×7%＝14（万元）。

企业投资者投资未到位而发生的利息支出问题

2009年6月4日，国家税务总局发布《关于企业投资者投资未到位而发生的利息支出企业所得税前扣除问题的批复》（国税函〔2009〕312号），关于企业由于投资者投资未到位而发生的利息支出扣除问题，根据《企业所得税法实施条例》第二十七条规定，凡企业投资者在规定期限内未缴足其应缴资本额的，该企业对外借款所发生的利息，相当于投资者实缴资本额与在规定期限内应缴资本额的差额应计付的利息，其不属于企业合理的支出，应由企业投资者负担，不得在计算企业应纳税所得额时扣除。

具体计算不得扣除的利息，应以企业一个年度内每一账面实收资本与借款余额保持不变的期间作为一个计算期，每一计算期内不得扣除的借款利息按该期间借款利息发生额乘以该期间企业未缴足的注册资本占借款总额的比例计算，公式为：

企业每一计算期不得扣除的借款利息 = 该期间借款利息额 × 该期间未缴足注册资本额 ÷ 该期间借款额

企业一个年度内不得扣除的借款利息总额为该年度内每一计算期不得扣除的借款利息额之和。

企业向自然人借款的利息支出问题

2009 年 12 月 31 日，国家税务总局发布《关于企业向自然人借款的利息支出企业所得税税前扣除问题的通知》（国税函〔2009〕777 号），企业向股东或其他与企业有关联关系的自然人借款的利息支出，应根据《企业所得税法》第四十六条及《财政部　国家税务总局关于企业关联方利息支出税前扣除标准有关税收政策问题的通知》（财税〔2008〕121 号）规定的条件，计算企业所得税扣除额。企业向除上述规定以外的内部职工或其他人员借款的利息支出，其借款情况同时符合以下条件的，其利息支出在不超过按照金融企业同期同类贷款利率计算的数额的部分，根据《企业所得税法》第八条和《企业所得税法实施条例》第二十七条规定，准予扣除：（1）企业与个人之间的借贷是真实、合法、有效的，并且不具有非法集资目的或其他违反法律、法规的行为；（2）企业与个人之间签订了借款合同。

同期同类贷款利率的确定

根据 2011 年 6 月 9 日，国家税务总局发布的《关于企业所得税若干问题的公告》（国家税务总局公告 2011 年第 34 号）的规定，非金融企业向非金融企业借款的利息支出，不超过按照金融企业同期同类贷款利率计算的数额的部分，准予税前扣除。鉴于目前我国对金融企业利率要求的具体情况，企业在按照合同要求首次支付利息并进行税前扣除时，应提供“金融企业的同期同类贷款利率情况说明”，以证明其利息支出的合理性。“金融企业的同期同类贷款利率情况说明”中，应包括在签订该借款合同当时，本省任何一家金融企业提供同期同类贷款利率情况。该金融企业应为经政府有关部门批准成立的可以从事贷款业务的企业，包括银行、财务公司、信托公司等金融机构。“同期同类贷款利率”是指在贷款期限、贷款金额、贷款担保以及企业信誉等条件基本相同下，金融企业提供贷款的利率。既可以是金融企业公布的同期同类平均利率，也可以是金融企业对某些企业提供的实际贷款利率。

9 一般反避税管理制度

原则性规定

《企业所得税法》第四十七条规定："企业实施其他不具有合理商业目的的安排而减少其应纳税收入或者所得额的，税务机关有权按照合理方法调整。"《企业所得税法实施条例》第一百二十条规定："不具有合理商业目的，是指以减少、免除或者推迟缴纳税款为主要目的。"

一般反避税的适用范围

税务机关可对存在以下税收筹划安排的企业，启动一般反避税调查：(1）滥用税收优惠；(2）滥用税收协定；(3）滥用公司组织形式；(4）利用避税港税收筹划；(5）其他不具有合理商业目的的安排。

避税港是指专门为国际税收筹划提供便利条件的国家和地区。认定一个国家或者地区是否为避税港一般应当综合考虑以下因素：①不征税或税率很低，特别是所得税和资本利得税；②实行僵硬的银行或商务保密法，为当事人保密，不得通融；③外汇开放，毫无限制，资金来去自由；④拒绝与外国税务当局进行任何合作；⑤一般不签订税收协定或只有很少的税收协定；⑥是非常便利的金融、交通和信息中心。有的国家或地区，表面上税制正常，但有多种优惠减免规定，又订有相应的税收协定借以充分利用这些减免条款，实际税负是很低的。这类国家或地区也会被视为避税港。

举例如下：

避税港往往成为很多企业规避纳税义务或者减轻纳税义务的保护地，例如，中国的居民企业A在欧洲投资设立企业B，B企业的利润首先要在欧洲缴纳企业所得税，该利润汇出欧洲时要缴纳预提所得税，汇回中国后还要缴纳企业所得税。A企业就会在一个避税港设立企业C，C企业是A企业的全资子公司，由C企业来控制B企业，B企业的税后利润就会汇给C企业，而C企业所在国对于该笔利润不征税或者只征收非常低的税，如果C企业把这笔利润再汇给A企业，A企业同样要在中国纳税，A企业为了避免该利润在中国纳税，就故意延迟该笔利润汇到中国的时间，甚至根本不汇回中国，一直留在C企业，由C企业再进行新的海外投资，这样，中国就不能对该笔利润征税。

税务机关应按照实质重于形式的原则审核企业是否存在税收筹划安排，并综合考虑安排的以下内容：（1）安排的形式和实质；（2）安排订立的时间和执行期间；（3）安排实现的方式；（4）安排各个步骤或组成部分之间的联系；（5）安排涉及各方财务状况的变化；（6）安排的税收结果。

一般反避税的实施

税务机关应按照经济实质对企业的税收筹划安排重新定性，取消企业从税收筹划安排获得的税收利益。对于没有经济实质的企业，特别是设在避税港并导致其关联方或非关联方税收筹划的企业，可在税收上否定该企业的存在。

税务机关启动一般反避税调查时，应按照《税收征收管理法》及其实施细则的有关规定向企业送达《税务检查通知书》。企业应自收到通知书之日起60日内提供资料证明其安排具有合理的商业目的。企业未在规定期限内提供资料，或提供资料不能证明安排具有合理商业目的的，税务机关可根据已掌握的信息实施纳税调整，并向企业送达《特别纳税调查调整通知书》。

税务机关实施一般反避税调查，可按照《税收征收管理法》第五十七条的规定要求税收筹划安排的筹划方如实提供有关资料及证明材料。

一般反避税调查及调整须层报国家税务总局批准。

非居民企业股权转让中的反避税制度

2009 年 12 月 10 日，国家税务总局发布《关于加强非居民企业股权转让所得企业所得税管理的通知》（国税函〔2009〕698 号），规定境外投资方（实际控制方）间接转让中国居民企业股权，如果被转让的境外控股公司所在国（地区）实际税负低于 12.5% 或者对其居民境外所得不征所得税的，应自股权转让合同签订之日起 30 日内，向被转让股权的中国居民企业所在地主管税务机关提供以下资料：（1）股权转让合同或协议；（2）境外投资方与其所转让的境外控股公司在资金、经营、购销等方面的关系；（3）境外投资方所转让的境外控股公司的生产经营、人员、账务、财产等情况；（4）境外投资方所转让的境外控股公司与中国居民企业在资金、经营、购销等方面的关系；（5）境外投资方设立被转让的境外控股公司具有合理商业目的的说明；（6）税务机关要求的其他相关资料。

境外投资方（实际控制方）通过滥用组织形式等安排间接转让中国居民企业股权，且不具有合理的商业目的，规避企业所得税纳税义务的，主管税务机关层报国家税务总局审核后可以按照经济实质对该股权转让交易重新定性，否定被用作税收安排的境外控股公司的存在。

非居民企业向其关联方转让中国居民企业股权，其转让价格不符合独立交易原则而减少应纳税所得额的，税务机关有权按照合理方法进行调整。

境外投资方（实际控制方）同时转让境内或境外多个控股公司股权的，被转让股权的中国居民企业应将整体转让合同和涉及本企业的分部合同提供给主管税务机关。如果没有分部合同的，被转让股权的中国居民企业应向主管税务机关提供被整体转让的各个控股公司的详细资料，准确划分境内被转让企业的转让价格。如果不能准确划分的，主管税务机关有权选择合理的方法对转让价格进行调整。

2011年3月28日，国家税务总局发布《关于非居民企业所得税管理若干问题的公告》（国家税务总局公告2011年第24号），规定非居民企业直接转让中国境内居民企业股权，如果股权转让合同或协议约定采取分期付款方式的，应于合同或协议生效且完成股权变更手续时，确认收入实现。国税函〔2009〕698号文中的“境外投资方（实际控制方）”是指间接转让中国居民企业股权的所有投资者；国税函〔2009〕698号文中的“实际税负”是指股权转让所得的实际税负，“不征所得税”是指对股权转让所得不征企业所得税。两个及两个以上境外投资方同时间接转让中国居民企业股权的，可由其中一方按照国税函〔2009〕698号文的规定向被转让股权的中国居民企业所在地主管税务机关提供资料。

境外投资方同时间接转让两个及两个以上且不在同一省（市）中国居民企业股权的，可以选择向其中一个中国居民企业所在地主管税务机关按照国税函〔2009〕698号文规定提供资料，由该主管税务机关所在省（市）税务机关与其他省（市）税务机关协商确定是否征税，并向国家税务总局报告；如果确定征税的，应分别到各中国居民企业所在地主管税务机关缴纳税款。

依据实际管理机构标准认定为居民企业的问题

2009年4月22日，国家税务总局发布《关于境外注册中资控股企业依据实际管理机构标准认定为居民企业有关问题的通知》（国税发〔2009〕82号），对境外注册的中资控股企业（以下简称“境外中资企业”）依据实际管理机构判定为中国居民企业的有关企业所得税问题做出以下规定：境外中资企业是指由中国境内的企业或企业集团作为主要控股投资者，在境外依据外国（地区）法律注册成立的企业。

境外中资企业同时符合以下条件的，根据《企业所得税法》第二条第二款和《企业所得税法实施条例》第四条的规定，应判定其为实际管理机构在中国境内的居民企业（以下简称“非境内注册居民企业”），并实施相应的税收管理，就其来源于中国境内、境外的所得征收企业所得税：（1）企业负责实施日常生产经营管理运作的高层管理人员及其高层管理部门履行职责的场所主要位于中国境内；（2）企业的财务决策（如借款、放款、融资、财务风险管理等）和人事决策（如任命、解聘和薪酬等）由位于中国境内的机构或人员决定，或需要得到位于中国境内的机构或人员批准；（3）企业的主要财产、会计账簿、公司印章、董事会和股东会议纪要档案等位于或存放于中国境内；（4）企业1/2（含1/2）以上有投票权的董事或高层管理人员经常居住于中国境内。对于实际管理机构的判断，应当遵循实质重于形式的原则。

非境内注册居民企业从中国境内其他居民企业取得的股息、红利等权益性投资收益，按照《企业所得税法》第二十六条和《企业所得税法实施条例》第八十三条的规定，作为其免税收入。非境内注册居民企业的投资者从该居民企业分得的股息红利等权益性投资收益，根据《企业所得税法实施条例》第七条第（四）项的规定，属于来源于中国境内的所得，应当征收企业所得税；该权益性投资收益中符合《企业所得税法》第二十六条和《企业所得税法实施条例》第八十三条规定的部分，可作为收益人的免税收入。

非境内注册居民企业在中国境内投资设立的企业，其外商投资企业的税收法律地位不变。

境外中资企业被判定为非境内注册居民企业的，按照《企业所得税法》第四十五条以及受控外国企业管理的有关规定，不视为受控外国企业，但其所控制的其他受控外国企业仍应按照有关规定进行税务处理。

境外中资企业可向其实际管理机构所在地或中国主要投资者所在地主管税务机关提出居民企业申请，主管税务机关对其居民企业身份进行初步审核后，层报国家税务总局确认；境外中资企业未提出居民企业申请的，其中国主要投资者的主管税务机关可以根据所掌握的情况对其是否属于中国居民企业做出初步判定，层报国家税务总局确认。境外中资企业或其中国主要投资者向税务机关提出居民企业申请时，应同时向税务机关提供如下资料：（1）企业法律身份证明文件；（2）企业集团组织结构说明及生产经营概况；（3）企业最近一个年度的公证会计师审计报告；（4）负责企业生产经营等事项的高层管理机构履行职责的场所的地址证明；（5）企业董事及高层管理人员在中国境内居住记录；（6）企业重大事项的董事会决议及会议记录；（7）主管税务机关要求的其他资料。

附　录

互联网金融企业最新税收优惠政策目录（2014年度）

1.《财政部　国家税务总局关于金融机构与小型微型企业签订借款合同免征印花税的通知》（财税〔2014〕78号）：自2014年11月1日至2017年12月31日，对金融机构与小型微型企业签订的借款合同免征印花税。上述小型微型企业的认定，按照《工业和信息化部　国家统计局　国家发展和改革委员会　财政部关于印发中小企业划型标准规定的通知》（工信部联企业〔2011〕300号）的有关规定执行。

2.《财政部　国家税务总局关于完善固定资产加速折旧企业所得税政策的通知》（财税〔2014〕75号）：对生物药品制造业，专用设备制造业，铁路、船舶、航空航天和其他运输设备制造业，计算机、通信和其他电子设备制造业，仪器仪表制造业，信息传输、软件和信息技术服务业6个行业的企业2014年1月1日后新购进的固定资产，可缩短折旧年限或采取加速折旧的方法。对上述6个行业的小型微利企业2014年1月1日后新购进的研发和生产经营共用的仪器、设备，单位价值不超过100万元的，允许一次性计入当期成本费用在计算应纳税所得额时扣除，不再分年度计算折旧；单位价值超过100万元的，可缩短折旧年限或采取加速折旧的方法。对所有行业企业2014年1月1日后新购进的专门用于研发的仪器、设备，单位价值不超过100万元的，允许一次性计入当期成本费用在计算应纳税所得额时扣除，不再分年度计算折旧；单位价值超过100万元的，可缩短折旧年限或采取加速折旧的方法。对所有行业企业持有的单位价值不超过

5 000 元的固定资产，允许一次性计入当期成本费用在计算应纳税所得额时扣除，不再分年度计算折旧。

3.《财政部　国家税务总局关于进一步支持小微企业增值税和营业税政策的通知》（财税〔2014〕71 号）：自 2014 年 10 月 1 日起至 2015 年 12 月 31 日，对月销售额 2 万元（含本数，下同）至 3 万元的增值税小规模纳税人，免征增值税；对月营业额 2 万元至 3 万元的营业税纳税人，免征营业税。

4.《财政部　国家税务总局　民政部关于调整完善扶持自主就业退役士兵创业就业有关税收政策的通知》（财税〔2014〕42 号）：自 2014 年 1 月 1 日至 2016 年 12 月 31 日，对自主就业退役士兵从事个体经营的，在 3 年内按每户每年 8 000 元为限额依次扣减其当年实际应缴纳的营业税、城市维护建设税、教育费附加、地方教育附加和个人所得税。限额标准最高可上浮 20%，各省、自治区、直辖市人民政府可根据本地区实际情况在此幅度内确定具体限额标准，并报财政部和国家税务总局备案。纳税人年度应缴纳税款小于上述扣减限额的，以其实际缴纳的税款为限；大于上述扣减限额的，应以上述扣减限额为限。纳税人的实际经营期不足一年的，应当以实际月份换算其减免税限额。换算公式为：减免税限额 = 年度减免税限额 ÷ 12 × 实际经营月数。纳税人在享受税收优惠政策的当月，持《中国人民解放军义务兵退出现役证》或《中国人民解放军士官退出现役证》以及税务机关要求的相关材料向主管税务机关备案。对商贸企业、服务型企业、劳动就业服务企业中的加工型企业和街道社区具有加工性质的小型企业实体，在新增加的岗位中，当年新招用自主就业退役士兵，与其签订 1 年以上期限劳动合同并依法缴纳社会保险费的，在 3 年内按实际招用人数予以定额依次扣减营业税、城市维护建设税、教育费附加、地方教育附加和企业所得税优惠。定额标准为每人每年 4 000 元，最高可上浮 50%，各省、自治区、直辖市人民政府可根据本地区实际情况在此幅度内确定具体定额标准，并报财政部和国家税务总局备案。纳税人按企业招用人数和签订的劳动合同时间核定企业减免税总额，在核定减免税总额内每月依次扣减营业税、城市维护建设税、教育费附加和地方教育附加。纳税人实际应缴纳的营业税、城市维护建设税、教育费附加和地方教育附加小于核定减免税总额的，以实际应缴纳的营业税、城市维护建设税、教育费附加和地方教育附加为限；实际应缴纳的营业税、城市维护建设税、教育费附加和地方教育附加大于核定减免税总额的，以核定减免税总额为限。纳税年度终了，如果企业实际减免的营业税、城市维护建设税、教育费附加和地方教育附加小于核定的减免税总额，企业在企业所得税汇算清缴时扣减企业所得税。当年扣减不足的，不再结转以后年度扣减。计算公式为：企业减免税总额 = ∑每名自主就业退役士兵本年度在本企业工作月份 ÷ 12 × 定额标准。企业自招用自主就业退役士兵的次月起享受税收优惠政策，并于享受税收优惠政策的当月，持下列材料向主管税务机关备案：新招用自主就业退役士兵的《中国人民解放军义务兵退出现役证》或《中国人民解放军士官退出现役证》；企业与新招用自主就业退役士兵签订的劳动合同（副本），企业为职工缴纳的社会保险费记录；自主就业退役士兵本年度在企业工作时间表；税务机关要求的其他相关材料。

5.《财政部　国家税务总局　人力资源社会保障部关于继续实施支持和促进重点群体创业就业有关税收政策的通知》（财税〔2014〕39 号）：自 2014 年 1 月 1 日至 2016 年 12 月 31 日，对持《就业失业登记证》（注明“自主创业税收政策”或附着《高校毕业生自主创业证》）人员从事个体经营的，在 3 年内按每户每年 8 000 元为限额依次扣减其当年实际应缴纳的营业税、城市维护建设税、教育费附加、地方教育附加和个人所得税。限额标准最高可上浮 20%，各省、自治区、直辖市人民政府可根据本地区实际情况在此幅度内确定具体限额标准，并报财政部和国家税务总局备案。纳税人年度应缴纳税款小于上述扣减限额的，以其实际缴纳的税款为限；大于上述扣减限额的，应以上述扣减限额为限。对商贸企业、服务型企业、劳动就业服务企业中的加工型企业和街道社区具有加工性质的小型企业实体，在新增加的岗位中，当年新招用在人力资源社会保障部门公共就业服务机构登记失业一年以上且持《就业失业登记证》（注明“企业吸纳税收政策”）人员，与其签订1年以上期限劳动合同并依法缴纳社会保险费的，在3年内按实际招用人数予以定额依次扣减营业税、城市维护建设税、教育费附加、地方教育附加和企业所得税优惠。定额标准为每人每年4 000元，最高可上浮30%，各省、自治区、直辖市人民政府可根据本地区实际情况在此幅度内确定具体定额标准，并报财政部和国家税务总局备案。按上述标准计算的税收扣减额应在企业当年实际应缴纳的营业税、城市维护建设税、教育费附加、地方教育附加和企业所得税税额中扣减，当年扣减不足的，不得结转下年使用。

6.《财政部　国家税务总局关于小型微利企业所得税优惠政策有关问题的通知》（财税〔2014〕34号）：自2014年1月1日至2016年12月31日，对年应纳税所得额低于10万元（含10万元）的小型微利企业，其所得减按50%计入应纳税所得额，按20%的税率缴纳企业所得税。